벼리 한국어 회화

초급 1

Beginner's Korean Conversation 1

나 찬 연

일러두기

1. 교재의 성격

'벼리 한국어 회화'는 외국인에게 '한국어 능력 시험(Korean Proficiency Test : KPT)'의 1등급과 2등급 수준의 한국어 회화를 교육하기 위하여 개발하였습니다. 이 책은 한국어 교사가 한국어 교육 기관에서 교수·학습 활동을 진행하면서 활용할 수 있도록 개발한 교재입니다.

이 책은 인터넷을 통하여 제공하는 멀티미디어 학습 자료를 적절하게 활용할 수 있도록 개발되었습니다. '**i-벼리 한국어 학당(http://byeori.net)**'에서는 교수·학습 활동을 할 때 필요한 멀티미디어 학습 자료를 인터넷을 통하여 온라인으로 제공합니다. 따라서 교사와 학습자는 i-벼리 한국어 학당에서 제공하는 동영상, 애니메이션, 음성 자료, 텍스트 자료 등을 교수·학습 활동에 활용할 수 있습니다. 이 책과 함께 i-벼리 한국어 학당의 교육 자료를 활용하여 교수·학습 활동을 함으로써 한국어 회화 교육의 효과를 극대화할 수 있습니다.

2. 교재의 내용

2.1. 교재의 내용과 짜임

'벼리 한국어 회화'는 '초급 1'과 '초급 2'의 두 권으로 제작되었는데, 본 교재인 '초급 1'은 한국어 능력 시험 1등급 수준의 내용을 실었습니다.

'벼리 한국어 회화 초급 1'은 크게 제1부인 '한국어 입문편'과 제2부인 '한국어 회화편'의 두 부분으로 구성되어 있습니다. 먼저, 제1부인 '한국어 입문편'에서는 한글과 발음을 익히는 교육 내용을 실었고, 제2부인 '한국어 회화편'에서는 한국어 회화의 교육 내용을 주제별로 10단원으로 구성하였습니다.

단원	주 제	문 법	기본 문형
입문	한글과 발음	· 한글 배우기 · 발음 배우기	
1과	인사와 소개	· N-은 N-이에요 · N-은 N-이 아니에요	· N은 N이다 · N은 N이 아니다
2과	위치 표현	· N-이 N-에 있어요/없어요 · N-에서, V-아요	· N이 울다 · N이 파랗다
3과	수 표현	· N ~개 주세요 · N-은 ~개에 ~원이에요	· N이 N에 있다/없다 · N이 N에서 공부하다
4과	시간 표현	· N-에, N-부터, N-까지, N-을	· N이 N을 먹다 · N이 N으로 들어가다
5과	가족 소개	· N-은 N-이 있어요/없어요 · N-의, N-하고, N-과, N-이랑, N-들	· N이 N이 되다 · N은 N이 작다
6과	과거 표현	· V-았-, N-께서, V-시-	· N은 N과 비슷하다 · N이 N과 사귀다
7과	모양 표현	· V-습니다, N-은 N-이 크다	· N이 N보다 빠르다 · N이 N에 다니다
8과	물건 사기	· V-아 주세요, V-는, V-은, V-을, V-고	· N이 N에게 물리다 · N이 N에게 N을 주다
9과	약속과 권유	· ~수 있다/없다	· N이 N에 N을 싣다 · N이 N을 N으로 생각하다
10과	전화 걸기	· V-마는, V-을 거예요, V-는데요 · 안, V-지 않다	· N이 N을 N으로 만들다 · N이 N에서 N으로 가다

['초급 1'의 단원과 학습 내용]

2.2. 소단원의 교육 내용과 짜임

본 교재의 소단원은 [학습 안내－기본 학습－응용 학습－활동하기－풀어보기－더 배우기]로 짜여 있습니다.

학습 안내	학습목표	활동 목표, 어휘 목표, 문법 목표
	삽 화	학습 동기를 유발하기 위한 이야기 그림
기본 학습	대 화 문	학습 목표를 달성하기 위한 기본적 대화문
	어 휘	기본 대화문에 나타난 새로운 어휘
	발 음	기본 대화문에 나타난 발음하기 어려운 말
	문 법	기본 대화문에 나타난 새로운 문법 사항
응용 학습	대 화 문	학습 목표를 달성하기 위한 심화된 대화문
	어 휘	응용 대화문에 나타난 새로운 어휘
	발 음	응용 대화문에 나타난 발음하기 어려운 말
	문 법	응용 대화문에 나타난 새로운 문법 사항
활동하기	활동 1, 2	기본과 응용 학습을 통하여 학습한 내용을 학습자가 직접 수행함으로써 내면할 수 있도록 구성한 언어 활동
	활동 3, 4	
풀어보기	풀어보기 1	학습자가 해당 단원에서 학습한 내용을 어느 정도 달성했는지를 평가할 수 있는 형성평가 문제
	풀어보기 2	
더 배우기	어휘 넓히기	소단원의 주제와 관련 있는 중급 수준의 어휘 목록
	문법 넓히기	한국어의 기본 문형과 불규칙 용언의 예

(1) 학습 안내 : '학습 안내'에서는 '이야기 그림(story picture)'을 이용하여 학습 내용을 소개하고 학습 동기를 유발하도록 하였습니다. 그리고 '학습 목표'를 '활동 목표, 어휘 목표, 문법 목표'로 나누어서 설정하였으며, 이들 목표들을 글상자에 넣어서 학습자에게 명시적으로 제시하였습니다. 여기서 '활동 목표'는 실제 발화 상황에서 소단원의 주제와 관련된 일을 실제로 수행할 줄 아는 능력을 기르는 목표이며, '어휘 목표'는 단원의 주제와 관련된 어휘들을 표현하고 이해할 줄 아는 목표입니다. 끝으로 '문법 목표'는 주제와 관련된 내용을 문법 규칙에 맞으면서도 의미적으로 적절한 문장으로 표현하고 이해할 줄 아는 능력을 기르는 목표입니다.

(2) **기본 학습** : '기본 학습'에서는 학습 목표를 달성하기 위하여 학습자가 반드시 성취해야 할 기본적인 학습 내용을 제시했습니다. 먼저 주제와 관련된 '대화문'을 소개하고, '대화문'에서 쓰인 새로운 어휘와 발음, 문법의 교수 · 학습 내용을 제시하였습니다.

(3) **응용 학습** : '응용 학습'에서는 기본 학습과는 다른 발화 상황에 적용할 수 있고 좀더 심화된 학습 내용을 제시했습니다. 응용 학습도 기본 학습과 마찬가지로 '대화문, 어휘, 발음, '문법'으로 나누되, 교육 내용을 다양화하고 난이도를 높여서 제시하였습니다.

(4) **활동하기** : '활동하기'는 구체적인 발화 상황에서 학습자가 실제로 수행할 수 있어야 하는 언어활동으로 구성했습니다. 이미 학습한 어휘, 발음, 문법에 대한 지식을 활용하여 학습자와 교사, 혹은 학습자와 학습자가 짝이 되어서 언어활동을 수행합니다. 학습자는 '활동하기'를 통하여 '기본 학습'과 '응용 학습'에서 익힌 학습 내용을 내면화할 수 있습니다.

(5) **풀어보기** : '풀어보기'에서는 기본과 응용 학습에서 학습한 내용을 문제의 형식으로 제시하였습니다. 교사는 형성평가 시간에 학습자에게 '풀어보기'의 평가 문항을 해결하게 함으로써 학습자 개개인의 단원별 성취도를 평가할 수 있습니다. 또한 교사는 학습자의 성취도를 분석하여 학습자 개인의 수준에 맞는 학습 내용과 방법을 개발할 수 있을 뿐만 아니라 교수 · 학습의 방법을 개선할 수 있습니다.

(6) **더 배우기** : '더 배우기'는 '어휘 넓히기'와 '문법 넓히기'로 구성된다. 먼저 '어휘 넓히기'에서는 단원의 주제와 관련이 있으면서도 기본 학습과 응용 학습에서 다루지 않은 중급이나 고급 수준의 어휘들을 제시했습니다. 그리고 '문법 넓히기'에서는 '기본 문법'과 '응용 문법'에서 개별적으로 다룰 수 없는 학습 내용을 선정하여 제시하였습니다. '초급1'에서는 한국어의 기본 문형을 제시하였고, '초급 2'에서는 불규칙 활용을 다루었습니다. '더 배우기'의 교육 내용은 초급 수준을 넘어서는 교육 내용이기 때문에 교수 · 학습 활동에서 직접적으로 다루지 않는 것이 좋습니다. 다만 초급 한국어 교육을 마친 학습자가 중급이나 고급 수준의 교육 내용을 학습하고자 할 때에 심화 학습 자료로 활용할 수 있습니다.

3. 수업 시간의 편성

'벼리 한국어 회화'는 교육 기관의 사정에 따라서 각 단원을 2시간(2×50분)으로 운영할 수도 있고 혹은 3시간(3×50분)으로 운영할 수도 있습니다.

교시	구성	내용
1교시 (50분)	학습 안내	학습목표
		삽 화
	기본 학습	대 화 문
		어 휘
		발 음
		문 법
2교시 (50분)	응용 학습	대 화 문
		어 휘
		발 음
		문 법
3교시 (50분)	활동하기	기본 활동
		응용 활동
	풀어보기	풀어보기 1, 2, 3, …

[3시간 운영 체제]

교시	구성	내용
1교시 (50분)	학습 안내	학습목표
		삽 화
	기본 학습	대 화 문
		어 휘
		발 음
		문 법
		기본 활동
2교시 (50분)	응용 학습	대 화 문
		어 휘
		발 음
		문 법
		응용활동
	풀어보기 안내	풀어보기 활동 안내

[2시간 운영 체제]

3시간 체제로 수업을 운영할 경우에는 1교시에 '학습 안내 + 기본 학습'을, 2교시에는 '응용 학습'을 3교시에는 '활동하기 + 풀어보기'를 교수 · 학습합니다. 반면에 2교시 체제로 운영할 경우에는 수업 내용을 좀 더 압축하여 시행합니다. 먼저 1교시에는 '학습 안내 + 기본 학습 + 기본 활동'을, 2교시에는 '응용 학습 + 응용 활동'을 교수 · 학습합니다. '풀어보기'는 수업 중에 직접적으로 다루지는 않고 학습자에게 과제로 제시합니다. 다만 교사는 2교시의 말미에서 풀어보기의 문제를 해결하는 방법을 학습자에게 간단하게 안내합니다.

4. i-벼리 한국어 학당

'i-벼리 한국어 학당(http://byeori.net)'에서는 한국어 교육용 멀티미디어 자료를 인터넷을 통하여 온라인으로 제공합니다. 'i-벼리 한국어 학당'의 구성과 운영에 관한 사항은 다음과 같습니다.

(1) 'i-벼리 한국어 학당'의 구성

소개방

/ 학당 소개 / 운영 / 조직 / 도우미 /

발음방

/ 발음방 소개 / 발음법 / 발음하기 / 발음듣기 /

한글방

/ 한글방 소개 / 자모 / 음절 /

강의실

/ 강의실 소개 / 회화 / 듣기 / 말하기 / 읽기 / 쓰기 /

노래방

/ 노래방 소개 / 동요 / 가요 / 민요 /

이웃집

/ 이웃집 /

문답방

/ 문답방 /

(2) 'i-벼리 한국어 학당'의 운영

◎ 명 칭 : i-벼리 한국어 학당(i-Byeori Korean Language School)

◎ 위 치 : http://byeori.net

◎ 목 적 : 한국어 교육용 멀티미디어 자료 보급

◎ 운영자 : 나찬연(경성대학교 국어국문학과)

◎ 연락처 : E-Mail : ncy@ks.ac.kr 051-663-4212

차 례

제1부 한글과 발음

[학습 내용]

1. 한글 배우기
   1.1. 한글의 이름과 순서
   1.2. 한글을 쓰는 법
   1.3. 한글 쓰기 연습
2. 발음 배우기
   2.1. 모음의 발음법
   2.2. 자음의 발음법

1. 한글 배우기

1.1. 한글의 이름과 순서

홑글자 simple vowel characters	ㅏ	ㅑ	ㅓ	ㅕ	ㅗ	ㅛ	ㅜ
	[a]	[ja]	[ə]	[jə]	[o]	[jo]	[u]
	ㅠ	ㅡ	ㅣ				
	[ju]	[ɨ]	[i]				
겹글자 digraphic vowel characters	ㅐ	ㅒ	ㅔ	ㅖ	ㅘ	ㅙ	ㅚ
	[ɛ]	[jɛ]	[e]	[je]	[wa]	[wɛ]	[we]
	ㅝ	ㅞ	ㅟ	ㅢ			
	[wə]	[we]	[wi]	[ɨj]			

[표 1. 모음 글자의 명칭과 발음]

홑글자 simple consonant characters	ㄱ	ㄴ	ㄷ	ㄹ	ㅁ	ㅂ	ㅅ
	[ki-jək]	[ni-ɨn]	[ti-gɨt]	[ɾi-ɨl]	[mi-ɨm]	[pi-ɨp]	[si-ot]
	[k]	[n]	[t]	[ɾ]	[m]	[p]	[s]
	ㅇ	ㅈ	ㅊ	ㅋ	ㅌ	ㅍ	ㅎ
	[i-ɨŋ]	[ʧi-ɨt]	[ʧ^{h}i-ɨt]	[k^{h}i-ɨk]	[t^{h}i-ɨt]	[p^{h}i-ɨp]	[hi-ɨt]
	[ŋ]	[ʧ]	[ʧ^{h}]	[k^{h}]	[t^{h}]	[p^{h}]	[h]
겹글자 digraphic consonant characters	ㄲ	ㄸ	ㅃ	ㅆ	ㅉ		
	[s'aŋ-gi-jək]	[s'aŋ-di-gɨt]	[s'aŋ-bi-ɨp]	[s'aŋ-si-ot]	[s'aŋ-ʤi-ɨt]		
	[k']	[t']	[p']	[s']	[ʧ']		

[표 2. 자음 글자의 명칭과 발음]

1.2. 한글을 쓰는 법

1.2.1. 모음 글자를 쓰는 법

홑글자	쓰는 법	겹글자	쓰는 법
ㅣ	ㅣ	ㅐ	ㅏ → ㅐ
ㅏ	ㅣ → ㅏ	ㅒ	ㅑ → ㅒ
ㅑ	ㅣ → ㅏ → ㅑ	ㅔ	ㅓ → ㅔ
ㅓ	- → ㅓ	ㅖ	ㅕ → ㅖ
ㅕ	- → = → ㅕ	ㅘ	ㅗ → ㅘ
ㅡ	ㅡ	ㅙ	ㅗ → ㅘ → ㅙ
ㅜ	ㅡ → ㅜ	ㅚ	ㅗ → ㅚ
ㅠ	ㅡ → ㅜ → ㅠ	ㅝ	ㅜ → ㅝ
ㅗ	ㅣ → ㅗ	ㅞ	ㅜ → ㅝ → ㅞ
ㅛ	ㅣ → ㅣㅣ → ㅛ	ㅟ	ㅜ → ㅟ
		ㅢ	ㅡ → ㅢ

[표 3. 모음 글자를 쓰는 법]

1.2.2. 자음 글자를 쓰는 법

[표 4. 자음 글자를 쓰는 법]

1.2.3. 음절 글자를 쓰는 법

CV 형	아	야	어	여	오	요	우	유	으	이	
	ㅇ+ㅏ	ㅇ+ㅑ	ㅇ+ㅓ	ㅇ+ㅕ	ㅇ+ㅗ	ㅇ+ㅛ	ㅇ+ㅜ	ㅇ+ㅠ	ㅇ+ㅡ	ㅇ+ㅣ	
	애	얘	에	예	와	왜	외	워	웨	위	의
	ㅇ+ㅐ	ㅇ+ㅒ	ㅇ+ㅔ	ㅇ+ㅖ	ㅇ+ㅘ	ㅇ+ㅙ	ㅇ+ㅚ	ㅇ+ㅝ	ㅇ+ㅞ	ㅇ+ㅟ	ㅇ+ㅢ
	나	냐	너	녀	노	뇨	누	뉴	느	니	
	ㄴ+ㅏ	ㄴ+ㅑ	ㄴ+ㅓ	ㄴ+ㅕ	ㄴ+ㅗ	ㄴ+ㅛ	ㄴ+ㅜ	ㄴ+ㅠ	ㄴ+ㅡ	ㄴ+ㅣ	
	내	냬	네	녜	놔	놰	뇌	눠	눼	뉘	늬
	ㄴ+ㅐ	ㄴ+ㅒ	ㄴ+ㅔ	ㄴ+ㅖ	ㄴ+ㅘ	ㄴ+ㅙ	ㄴ+ㅚ	ㄴ+ㅝ	ㄴ+ㅞ	ㄴ+ㅟ	ㄴ+ㅢ
CVC 형	안	얀	언	연	온	욘	운	윤	은	인	
	ㅇ+ㅏ ㄴ	ㅇ+ㅑ ㄴ	ㅇ+ㅓ ㄴ	ㅇ+ㅕ ㄴ	ㅇ+ㅗ ㄴ	ㅇ+ㅛ ㄴ	ㅇ+ㅜ ㄴ	ㅇ+ㅠ ㄴ	ㅇ+ㅡ ㄴ	ㅇ+ㅣ ㄴ	
	앤	얜	엔	옌	완	왠	왼	원	웬	윈	
	ㅇ+ㅐ ㄴ	ㅇ+ㅒ ㄴ	ㅇ+ㅔ ㄴ	ㅇ+ㅖ ㄴ	ㅇ+ㅘ ㄴ	ㅇ+ㅙ ㄴ	ㅇ+ㅚ ㄴ	ㅇ+ㅝ ㄴ	ㅇ+ㅞ ㄴ	ㅇ+ㅟ ㄴ	
	갈	걀	걸	결	골	굘	굴	귤	글	길	
	ㄱ+ㅏ ㄹ	ㄱ+ㅑ ㄹ	ㄱ+ㅓ ㄹ	ㄱ+ㅕ ㄹ	ㄱ+ㅗ ㄹ	ㄱ+ㅛ ㄹ	ㄱ+ㅜ ㄹ	ㄱ+ㅠ ㄹ	ㄱ+ㅡ ㄹ	ㄱ+ㅣ ㄹ	
	갤	걜	겔	곌	괄	괠	괼	궐	궬	귈	
	ㄱ+ㅐ ㄹ	ㄱ+ㅒ ㄹ	ㄱ+ㅔ ㄹ	ㄱ+ㅖ ㄹ	ㄱ+ㅘ ㄹ	ㄱ+ㅙ ㄹ	ㄱ+ㅚ ㄹ	ㄱ+ㅝ ㄹ	ㄱ+ㅞ ㄹ	ㄱ+ㅟ ㄹ	
CVCC 형	삯	얇	넋	엾	몫		굵		늙	싫	
	ㅅ+ㅏ ㄱ+ㅅ	ㅇ+ㅑ ㄹ+ㅂ	ㄴ+ㅓ ㄱ+ㅅ	ㅇ+ㅕ ㅂ+ㅅ	ㅁ+ㅗ ㄱ+ㅅ		ㄱ+ㅜ ㄹ+ㄱ		ㄴ+ㅡ ㄹ+ㄱ	ㅅ+ㅣ ㄹ+ㅎ	

[표 5. 음절 글자를 쓰는 법]

1.3. 한글 쓰기 연습

가구	가구	가구			
개	개	개			
거기	거기	거기			
겨우	겨우	겨우			
고기	고기	고기			
구두	구두	구두			
기차	기차	기차			
과자	과자	과자			
교회	교회	교회			
귀	귀	귀			

까치	까치	까치			
꼬리	꼬리	꼬리			
나무	나무	나무			
나이	나이	나이			
노래	노래	노래			
누구	누구	누구			
다리	다리	다리			
도로	도로	도로			
도시	도시	도시			
뒤	뒤	뒤			

때	때	때			
떠나다	떠나다	떠나다			
또	또	또			
뛰다	뛰다	뛰다			
라디오	라디오	라디오			
라면	라면	라면			
매우	매우	매우			
머리	머리	머리			
모자	모자	모자			
미소	미소	미소			

바다	바다	바다			
배	배	배			
버스	버스	버스			
보리	보리	보리			
부자	부자	부자			
비	비	비			
뼈	뼈	뼈			
사	사	사			
새	새	새			
서로	서로	서로			

소리					
수고					
시내					
쉬다					
쓰다					
아버지					
야구					
여자					
오이					
우유					

유리	유리	유리			
의자	의자	의자			
이사	이사	이사			
위	위	위			
자주	자주	자주			
저기	저기	저기			
주소	주소	주소			
쥐	쥐	쥐			
짜다	짜다	짜다			
차	차	차			

초대	초대	초대			
치마	치마	치마			
커피	커피	커피			
켜다	켜다	켜다			
키	키	키			
타다	타다	타다			
토끼	토끼	토끼			
파	파	파			
포도	포도	포도			
하루	하루	하루			

허리	허리	허리			
회사	회사	회사			
휴지	휴지	휴지			
강	강	강			
걷다	걷다	걷다			
겨울	겨울	겨울			
공부	공부	공부			
구경	구경	구경			
그림	그림	그림			
길	길	길			

깎다	깎다	깎다			
꽃	꽃	꽃			
꿈	꿈	꿈			
끝	끝	끝			
끼다	끼다	끼다			
날씨	날씨	날씨			
내일	내일	내일			
놀다	놀다	놀다			
눈물	눈물	눈물			
늦다	늦다	늦다			

달력	달력	달력			
덥다	덥다	덥다			
동생	동생	동생			
둘	둘	둘			
듣다	듣다	듣다			
딸	딸	딸			
똑같다	똑같다	똑같다			
뜨겁다	뜨겁다	뜨겁다			
말	말	말			
맥주	맥주	맥주			

먹다	먹다	먹다			
몇	몇	몇			
목요일	목요일	목요일			
문제	문제	문제			
밀다	밀다	밀다			
반찬	반찬	반찬			
백	백	백			
번호	번호	번호			
병원	병원	병원			
봄	봄	봄			

불고기	불고기	불고기			
비행기	비행기	비행기			
빨리	빨리	빨리			
빵	빵	빵			
산	산	산			
생일	생일	생일			
선생님	선생님	선생님			
셋	셋	셋			
손	손	손			
숙제	숙제	숙제			

쉽다					
식당					
씻다					
안경					
약					
엄마					
연필					
올해					
왼손					
운동					

월요일	월요일	월요일			
위험	위험	위험			
육	육	육			
음식	음식	음식			
인사	인사	인사			
작다	작다	작다			
전화	전화	전화			
좋다	좋다	좋다			
중국	중국	중국			
즐겁다	즐겁다	즐겁다			

집	집	집			
창문	창문	창문			
책	책	책			
천	천	천			
축구	축구	축구			
층	층	층			
친구	친구	친구			
칼	칼	칼			
컵	컵	컵			
콩	콩	콩			

큰집	큰집	큰집			
택시	택시	택시			
토요일	토요일	토요일			
틀리다	틀리다	틀리다			
팔	팔	팔			
편지	편지	편지			
한국	한국	한국			
형	형	형			
흰색	흰색	흰색			
힘	힘	힘			

2. 발음 배우기

2.1. 모음의 발음법

한국어의 모음은 '단순모음' 10개, '이중모음' 11개가 있다. 먼저 '단순모음(단모음)'은 소리를 내는 동안에 음성 기관이 일정한 위치에 머물러 있는 모음이다.

(1) 단순모음: 이, 에, 애, 위, 외, 으, 어, 아, 우, 오

그런데 모음 중에는 소리를 내는 동안에 음성 기관을 움직이면서 발음되는 소리가 있는데, 이러한 모음을 '이중모음'이라고 한다.

(2) 이중모음 : (위, 외), 웨, 왜, 워, 와 ; 예, 얘, 여, 야, 유, 요 ; 의

2.1.1. 단순 모음의 발음법

가. 단순 모음의 분류법

	전설모음(front vowel)		후설모음(back vowel)	
	평순(spread)	원순(rounded)	평순(spread)	원순(rounded)
고모음(high vowel)	이 [i]	위 [y]	으 [ɨ]	우 [u]
중모음(mid vowel)	에 [e]	외 [ø]	어 [ə]	오 [o]
저모음(low vowel)	애 [ɛ]		이 [a]	

[표 6. 단순 모음의 분류]

나. 단순 모음의 발음법

① [이, i]

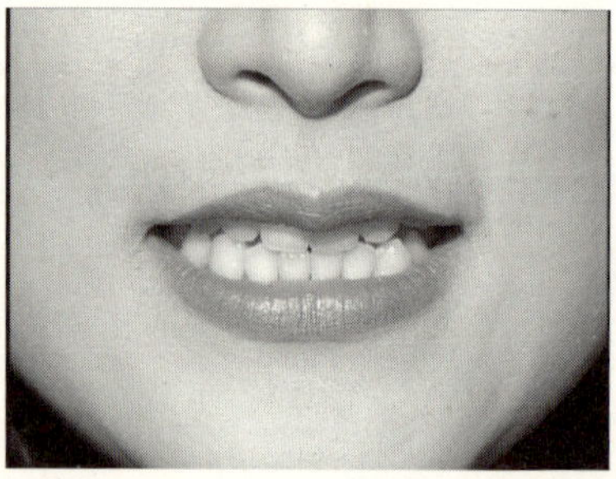

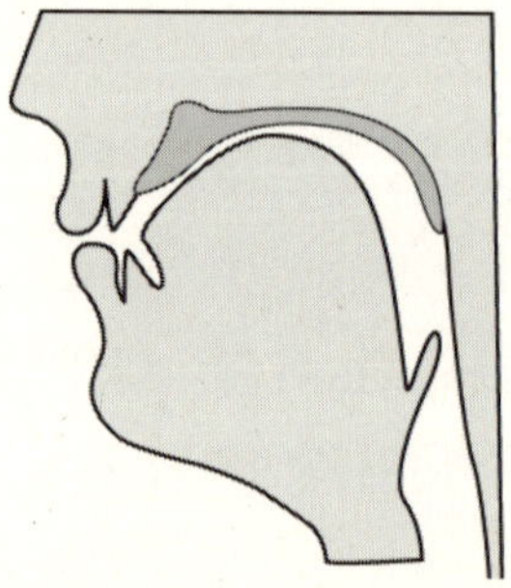

ㄱ. 아래턱을 약간 내려 새끼손가락이 들어갈 정도로 입술을 조금 연다. 윗니와 아랫니는 거의 닫힌 상태로 둔다.

ㄴ. 앞혀를 경구개 쪽으로 높이 올리되 마찰음이 나지 않을 정도로 접근시킨다.

ㄷ. 입술은 둥글게 하지 않고 편 상태로 발음한다.

a . Open your lips until you can fit in your little finger, nearly closing your teeth.

b . Raise the tip of your tongue towards the hard palate but not touching.

c . While pronouncing it, unround your lips and spread them.

② [에, e]

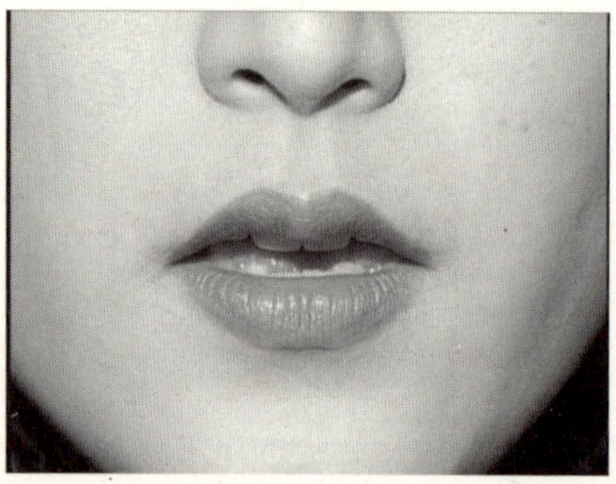

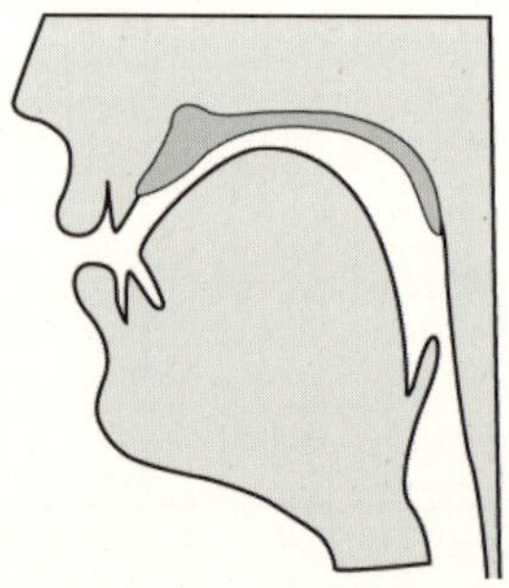

ㄱ. [이]를 낼 때보다 입을 약간 더 벌린다. 윗니와 아랫니 사이에 새끼손가락이 겨우 들어갈 정도의 틈이 생길 정도로 입을 벌려서 발음한다.

ㄴ. 앞혀를 경구개 쪽으로 올리되 [이]보다 더 낮춘다.

ㄷ. 입술은 둥글게 하지 않고 편 상태로 발음한다.

a. Open your lips more than when pronouncing [이], until you can put your little finger between your upper and lower teeth.

b. Turn the tip of your tongue toward the hard palate but lower it more than when pronouncing [이].

c. While pronouncing it, unround your lips and spread them.

③ [애, ε]

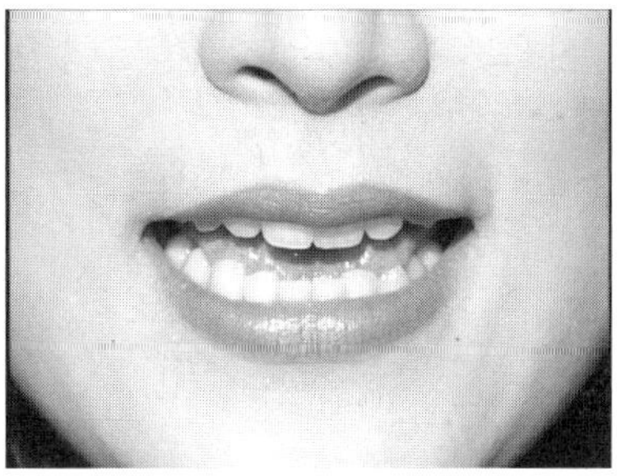

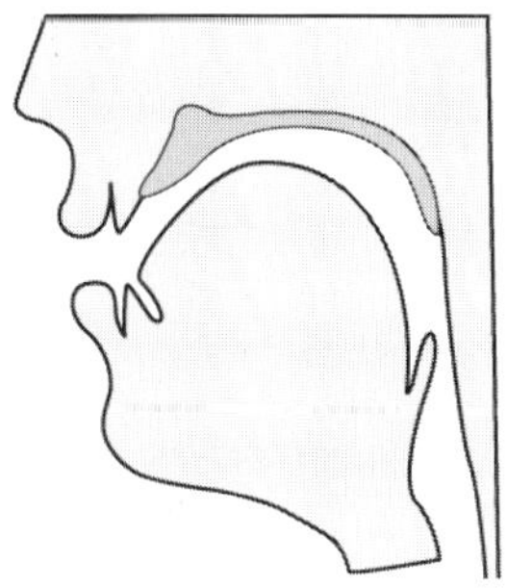

ㄱ. [에]를 발음할 때보다 입을 훨씬 더 벌려서 윗니와 아랫니 사이에 엄지손가락이 들어갈 수 있을 정도로 한다.

ㄴ. 앞 혀가 경구개 쪽을 향하되 [에]보다 더 낮춘다.

ㄷ. 입술은 둥글게 하지 않고 편 상태로 발음한다.

a. Open your lips more than when pronouncing [에] until you can put a thumb between your upper and lower teeth.

b. Turn the tip of your tongue toward the hard palate but lower it more than when pronouncing [에].

c. While pronouncing it, unround your lips and spread them.

④ [위, y]

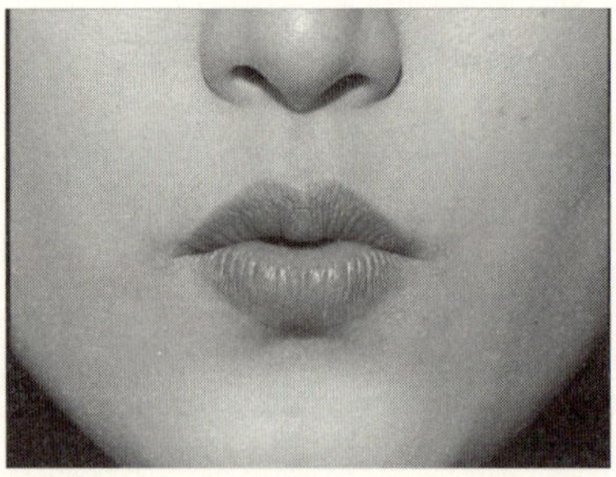

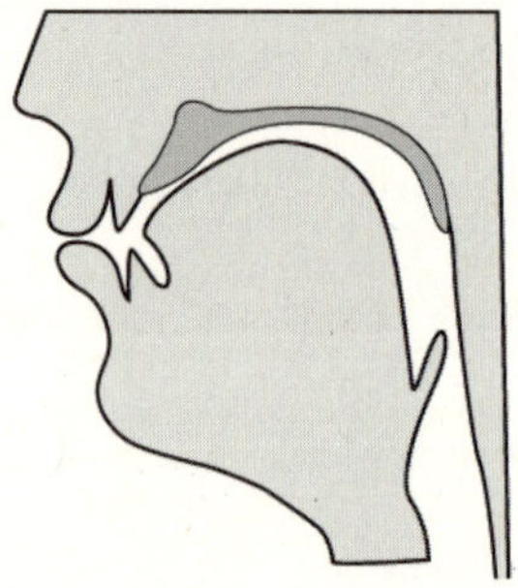

ㄱ. 입의 벌림은 [이]와 같은 정도로 한다.

ㄴ. 혀의 모양도 [이]를 소리 낼 때처럼 경구개 쪽을 향하되, 마찰음이 나지 않을 정도로 접근시킨다.

ㄷ. 입술을 둥글게 오므려 앞으로 약간 내민 상태로 발음한다.

a. Open lips like [이].

b. Maintain the same tongue-position and height of [이].

c. While pronouncing it, purse your lips.

⑤ [외, ø]

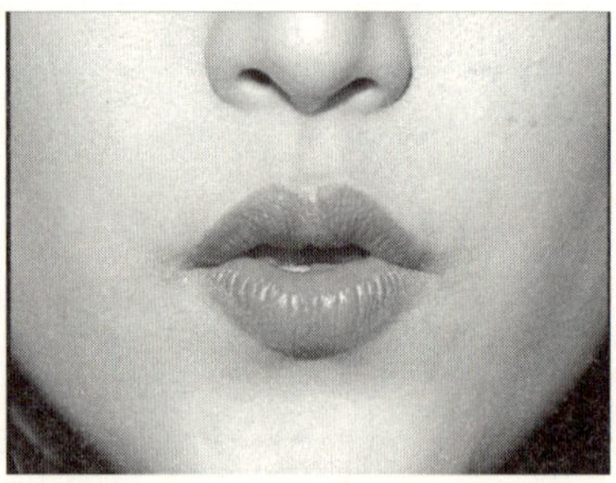

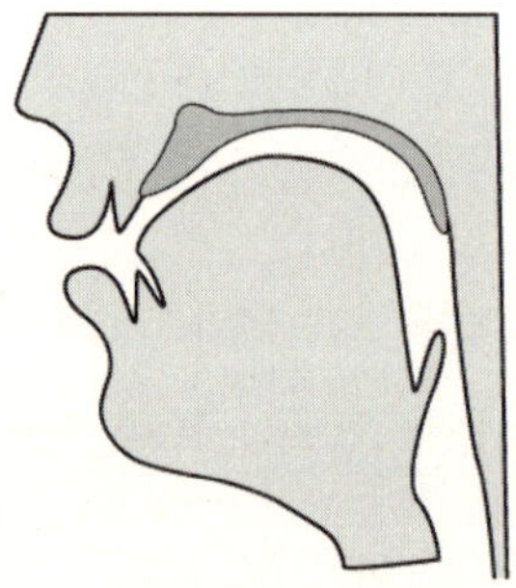

ㄱ. 입의 벌림은 [에]와 같은 정도로 한다.

ㄴ. 혀의 모양도 [에]와 같이 한다.

ㄷ. 입술을 둥글게 오므리되, [위]보다는 앞으로 내미는 정도가 덜하다.

a. Open lips like [에].

b. Maintain the same tongue-position and height of [에].

c. While pronouncing it, purse your lips less than [위].

⑥ [으, ɨ]

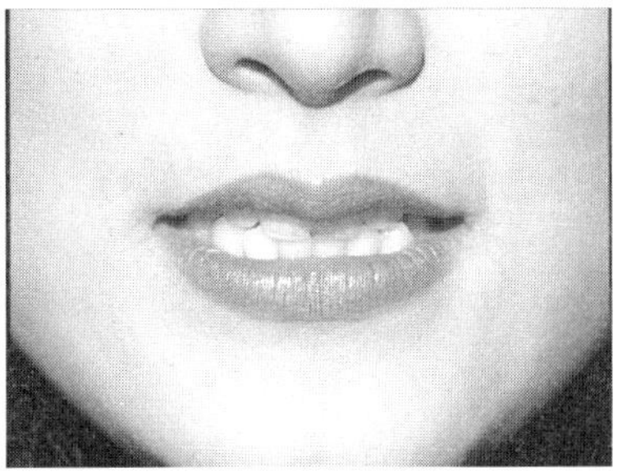

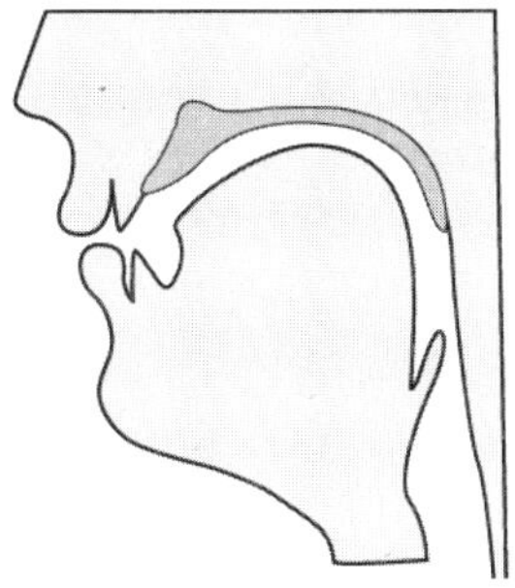

ㄱ. 아래턱을 약간 내려 새끼손가락이 들어갈 정도로 입술을 조금 연다. 윗니와 아랫니는 거의 닫힌 상태로 둔다.

ㄴ. 뒤혀를 연구개 쪽으로 높이 올리되 마찰음이 나지 않을 정도로 접근시킨다.

ㄷ. 입술은 둥글게 하지 않고 편 상태로 발음한다.

a. Open your lips until you can fit in your little finger, nearly closing your teeth.

b. Raise the back of your tongue towards the soft palate but not touching.

c. While pronouncing it, unround your lips .

⑦ [어, ə]

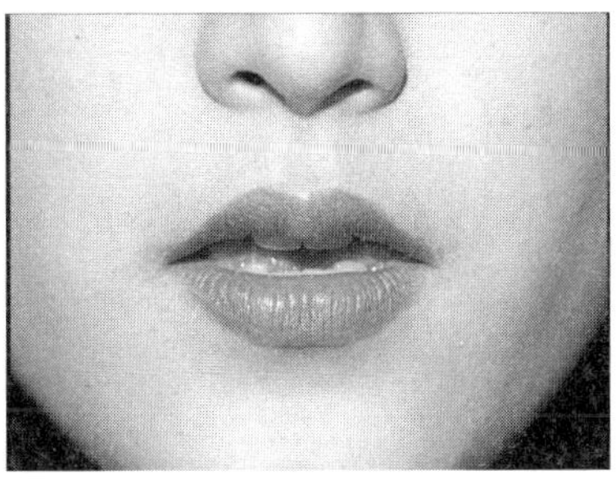

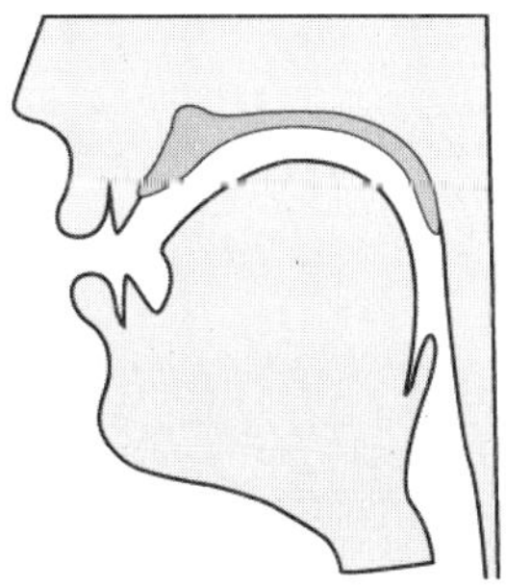

ㄱ. [으]를 낼 때보다 입을 약간 더 벌린다. 윗니와 아랫니 사이에 새끼손가락이 겨우 들어갈 정도의 틈이 생길 정도로 입을 벌려 발음한다.

ㄴ. 뒤혀를 연구개 쪽으로 올리되 [으]보다 더 낮춘다.

ㄷ. 입술은 둥글게 하지 않고 편 상태로 발음한다.

a. Open your lips more than when pronouncing [으] until you can put your little finger between your upper and lower teeth.

b. Lower the back of your tongue towards the soft palate more than when pronouncing [으].

c. While pronouncing it, unround your lips.

⑧ [아, a]

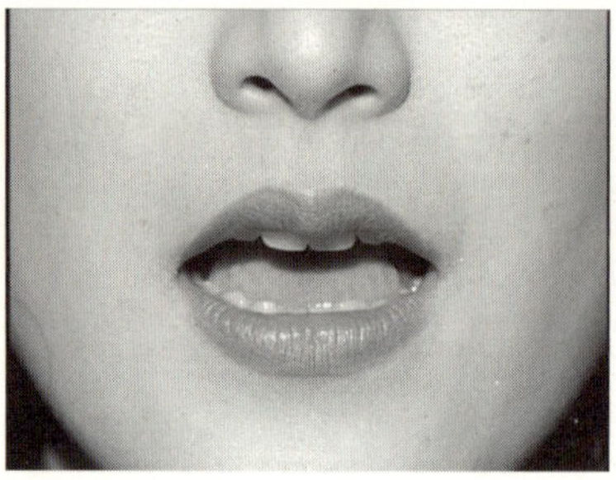

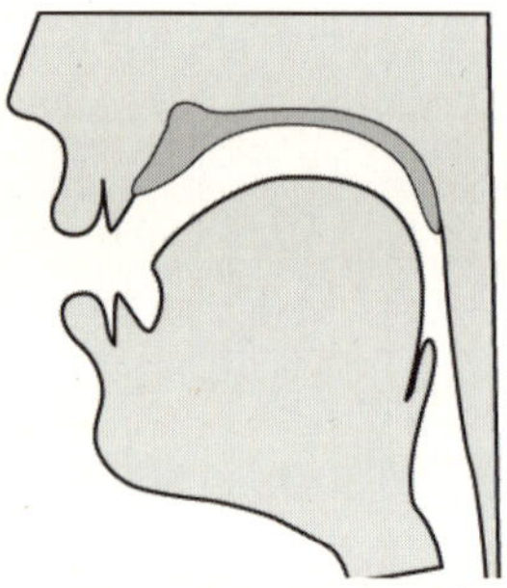

ㄱ. [어]를 발음할 때보다 입을 훨씬 더 벌려서, 윗니와 아랫니 사이에 엄지손가락이 충분히 들어갈 수 있을 정도로 넓게 벌린다.

ㄴ. 뒤혀가 연구개 쪽을 향하되 [어]보다 더 낮춘다.

ㄷ. 입술은 둥글게 하지 않고 편 상태로 발음한다.

a. Open your lips more than when pronouncing [어] until you can put a thumb between your upper and lower teeth.

b. Lower the back of your tongue towards the soft palate more than when pronouncing [어].

c. While pronouncing it, unround your lips.

⑨ [우, u]

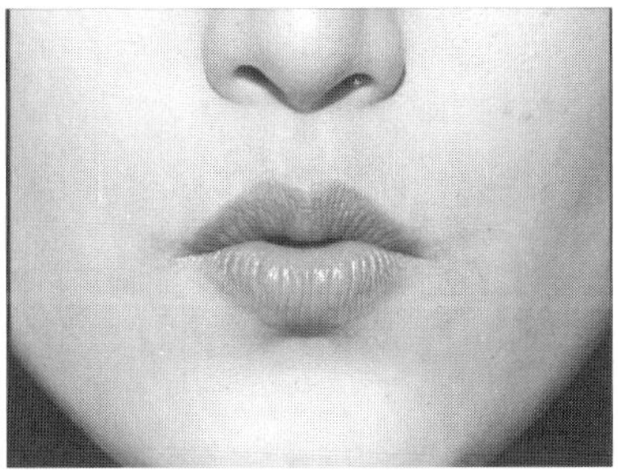 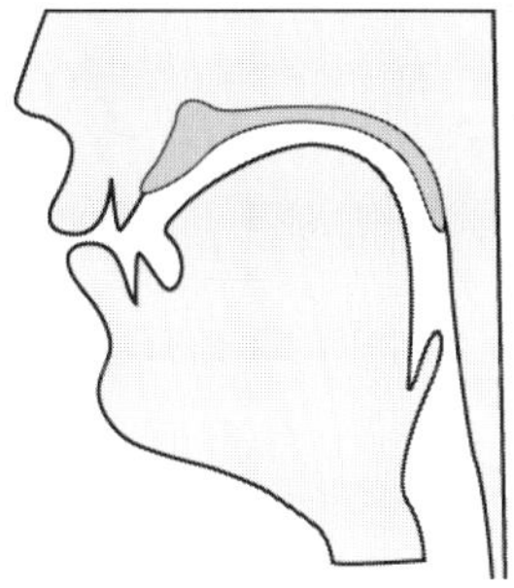

ㄱ. 아래턱을 약간 내려 새끼손가락이 들어갈 정도로 입술을 조금 연다. 윗니와 아랫니는 거의 닫힌 상태로 둔다.

ㄴ. 뒤혀를 연구개 쪽으로 높이 올리되 마찰음이 나지 않을 정도로 접근시킨다.

ㄷ. 입술은 둥글게 오므려 앞으로 내민다.

a. Open your lips until you can fit in your little finger, almost closing your teeth.

b. Raise the back of your tongue towards the soft palate but not touching.

c. While pronouncing it, purse your lips.

⑩ [오, o]

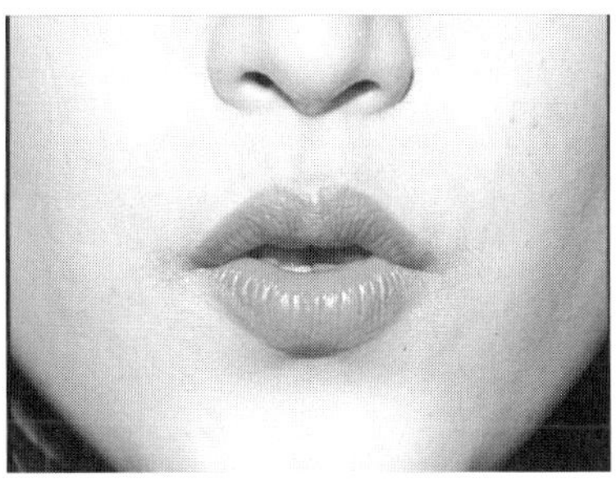 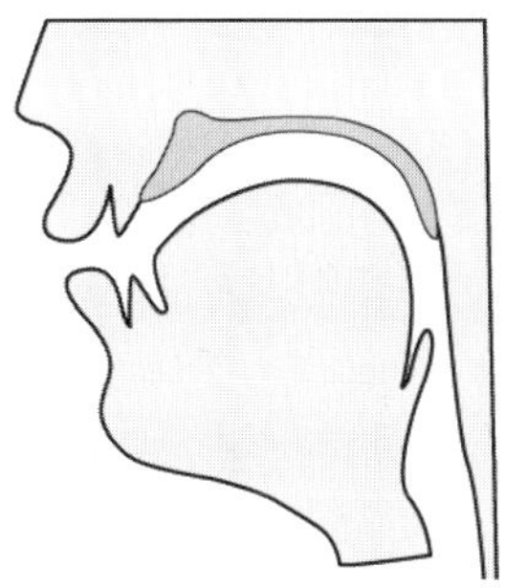

ㄱ. [우]를 낼 때보다 입을 약간 더 벌린다. 윗니와 아랫니 사이에 새끼손가락이 겨우 들어갈 정도의 틈이 생길 정도로 입을 벌려 발음한다.

ㄴ. 뒤 혀를 연구개 쪽으로 올리되 [우]보다 더 낮춘다.

ㄷ. 입술은 둥글게 내밀되 [우]보다는 정도가 약하게 한다.

a. Open your lips more than when pronouncing [우] until you can put your little finger between your upper and lower teeth.

b. Lower the back of your tongue towards the soft palate more than when pronouncing [우].

c. Purse your lips and less than pronouncing [우].

2.1.2. 이중 모음의 발음법

모음 중에는 발음할 때 처음과 끝의 입 모양이 달라지는 모음이 있는데, 이를 '이중모음'이라고 한다. '이중모음'은 발음할 때 입이 달라지는 모양에 따라서 '우'계 이중모음, '이'계 이중모음, '으'계 이중모음으로 분류할 수 있다.

<table>
<tr><th rowspan="2">유형
(type)</th><th rowspan="2" colspan="2">이중모음
(diphthong)</th><th colspan="2">조음의 이동
(shift of articulation)</th></tr>
<tr><th>처음
(start)</th><th>끝
(end)</th></tr>
<tr><td rowspan="6">'우' 계</td><td>[웨]</td><td>[we]</td><td rowspan="6">[우]</td><td>[에]</td></tr>
<tr><td>[왜]</td><td>[wɛ]</td><td>[애]</td></tr>
<tr><td>[워]</td><td>[wə]</td><td>[어]</td></tr>
<tr><td>[와]</td><td>[wa]</td><td>[아]</td></tr>
<tr><td>[위]</td><td>[wi]</td><td>[이]</td></tr>
<tr><td>[외]</td><td>[we]</td><td>[에]</td></tr>
<tr><td rowspan="6">'이' 계</td><td>[예]</td><td>[je]</td><td rowspan="6">[이]</td><td>[에]</td></tr>
<tr><td>[얘]</td><td>[jɛ]</td><td>[애]</td></tr>
<tr><td>[여]</td><td>[jə]</td><td>[어]</td></tr>
<tr><td>[야]</td><td>[ja]</td><td>[아]</td></tr>
<tr><td>[유]</td><td>[ju]</td><td>[우]</td></tr>
<tr><td>[요]</td><td>[jo]</td><td>[오]</td></tr>
<tr><td>'으' 계</td><td>[의]</td><td>[ij]</td><td>[으]</td><td>[이]</td></tr>
</table>

[표 7. 이중 모음의 발음]

	< 첫 모양 >		< 끝 모양 >
웨 [we]	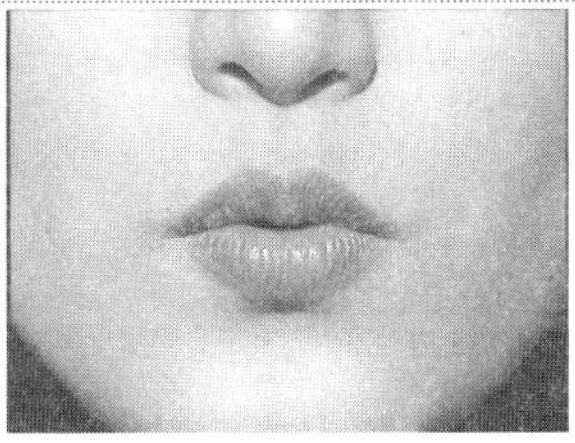 [우]	⇨	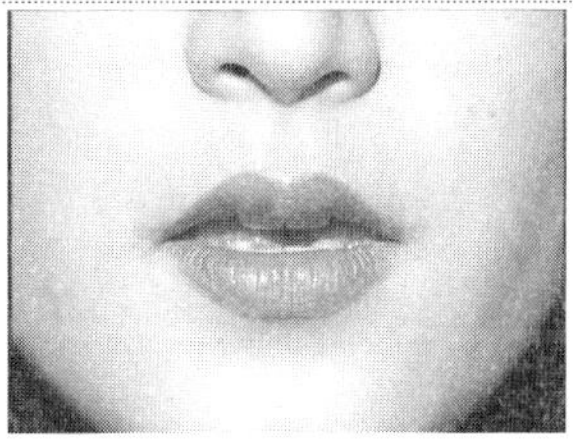 [에]
왜 [wɛ]	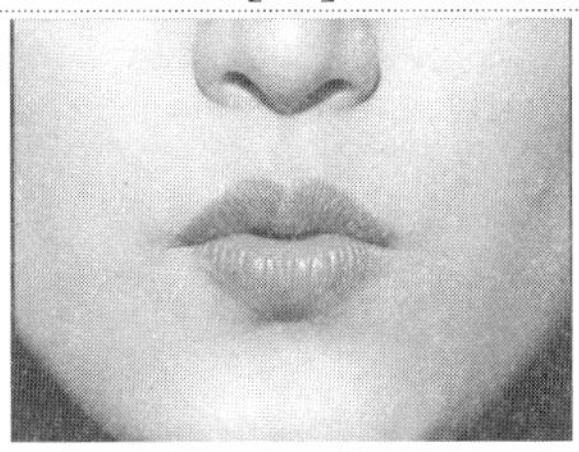 [우]	⇨	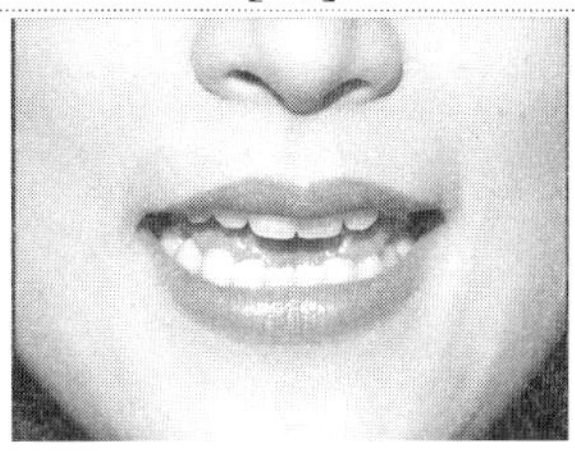 [애]
워 [wə]	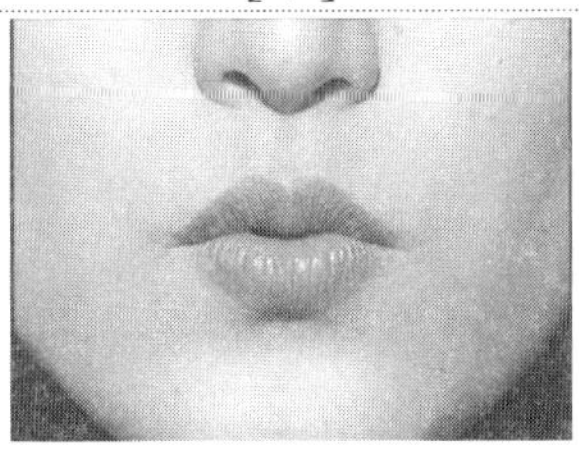 [우]	⇨	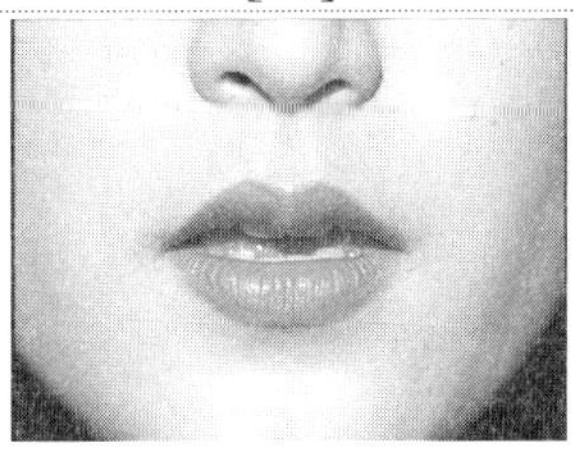 [어]
와 [wa]	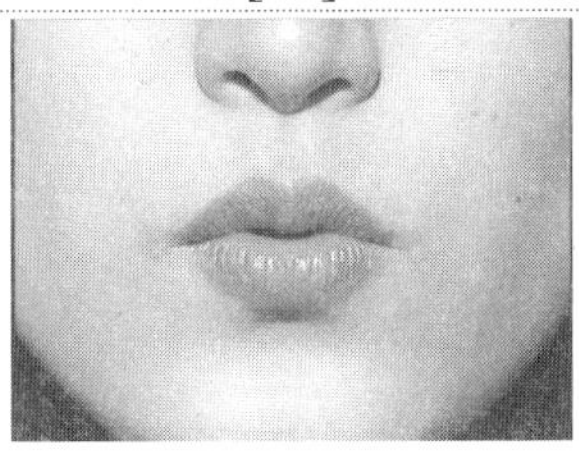 [우]	⇨	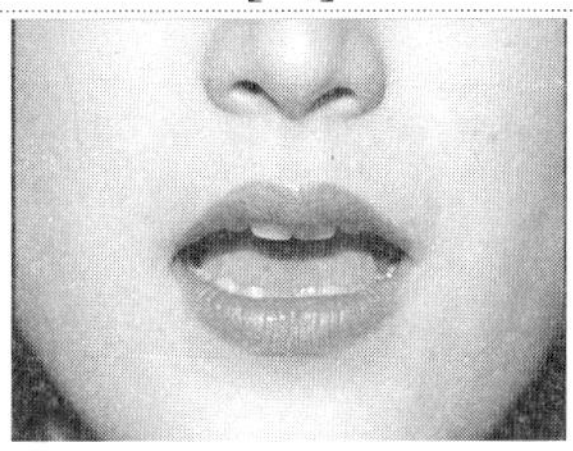 [아]
위 [wi]	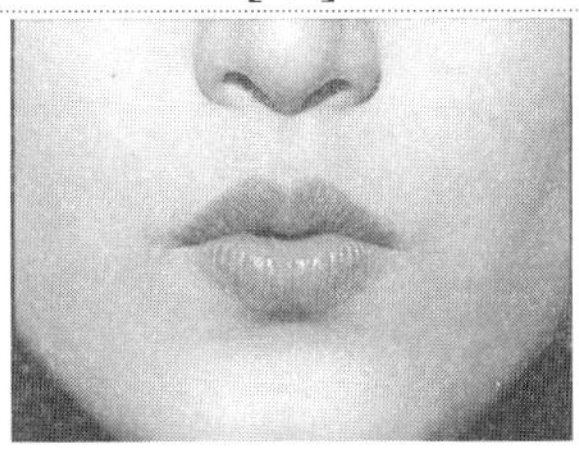 [우]	⇨	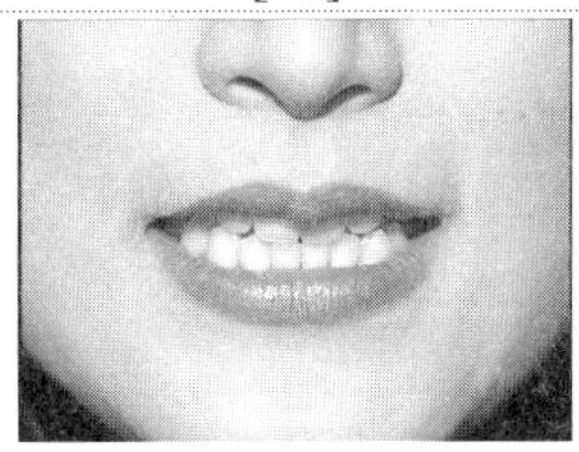 [이]
외 [we]	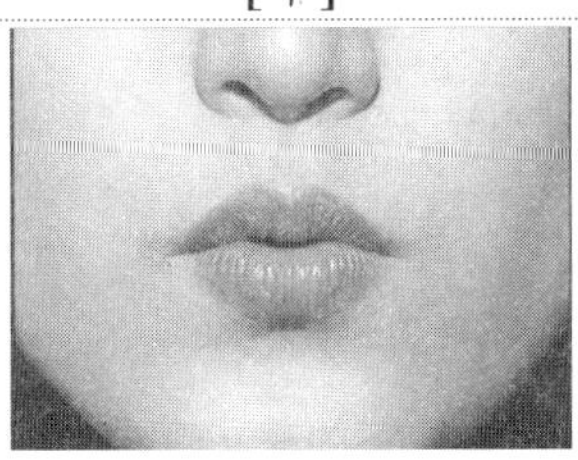 [우]	⇨	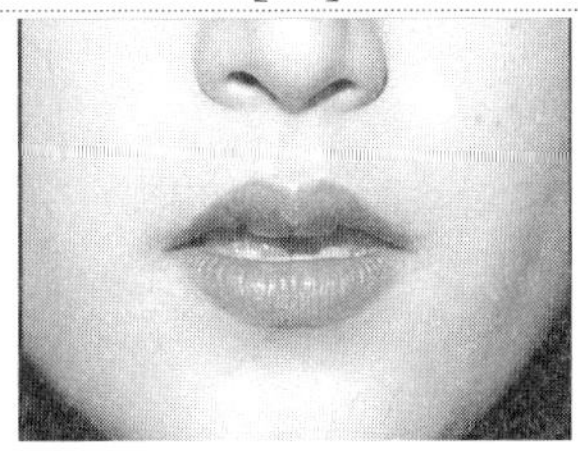 [에]

[표 8. '우'계 이중 모음의 발음법]

	< 첫 모양 >		< 끝 모양 >
예 [je]	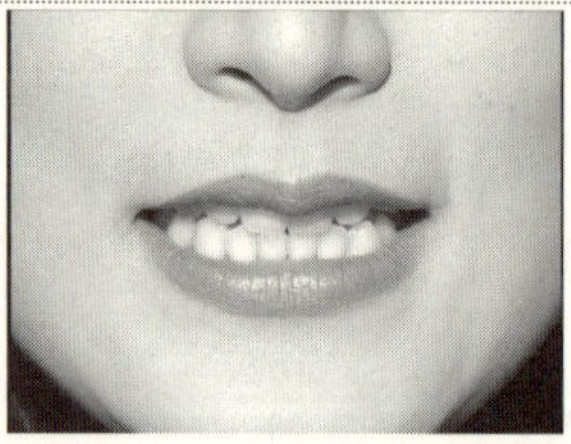 [이]	⇨	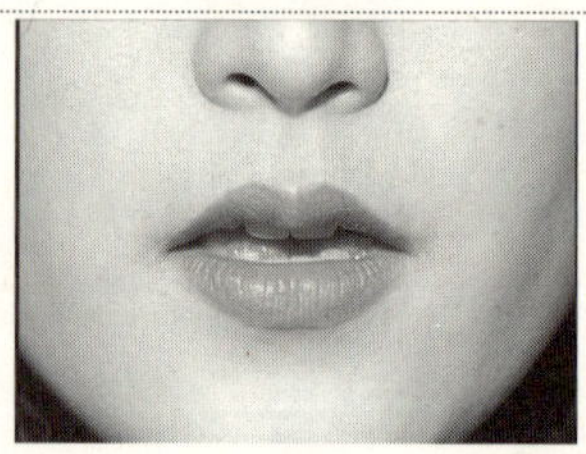 [에]
얘 [jɛ]	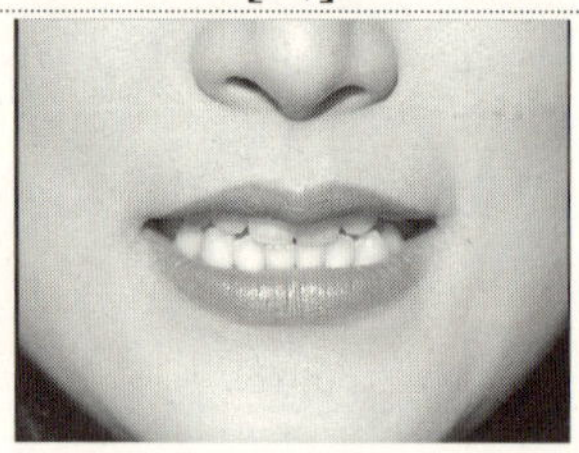 [이]	⇨	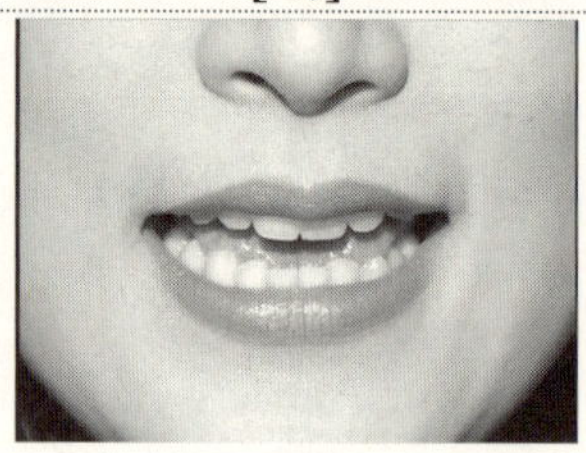 [애]
여 [jə]	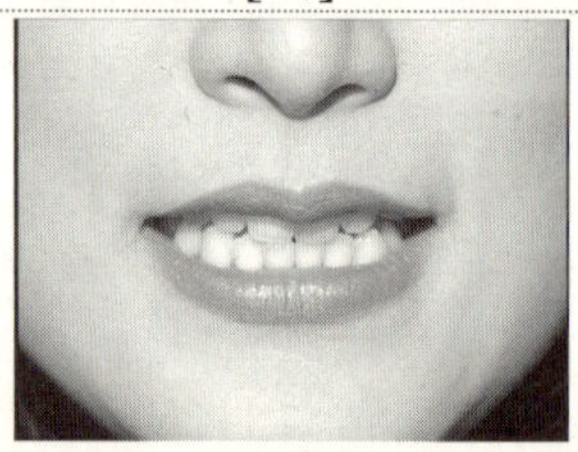 [이]	⇨	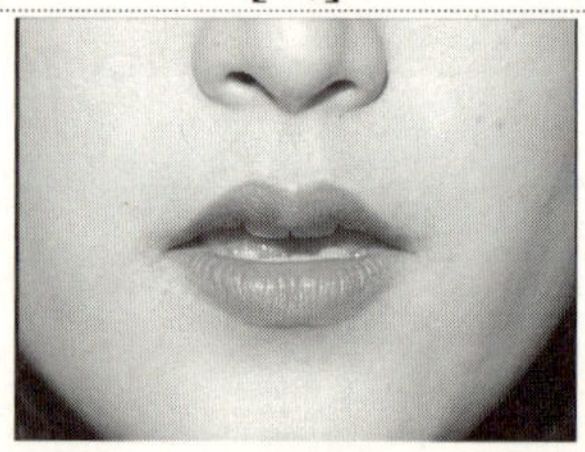 [어]
야 [ja]	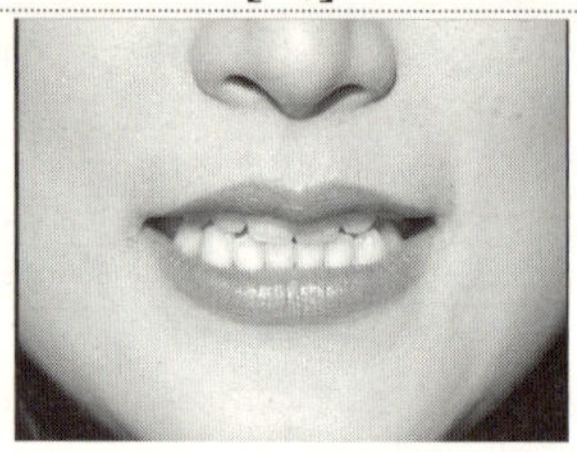 [이]	⇨	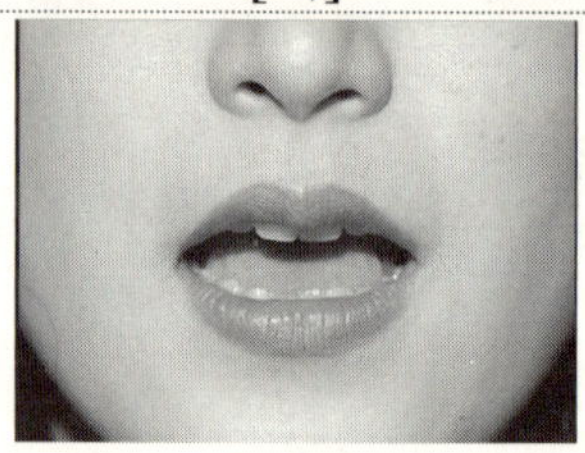 [아]
유 [ju]	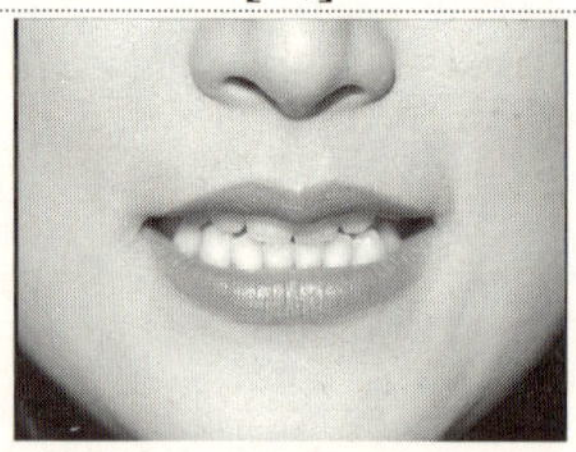 [이]	⇨	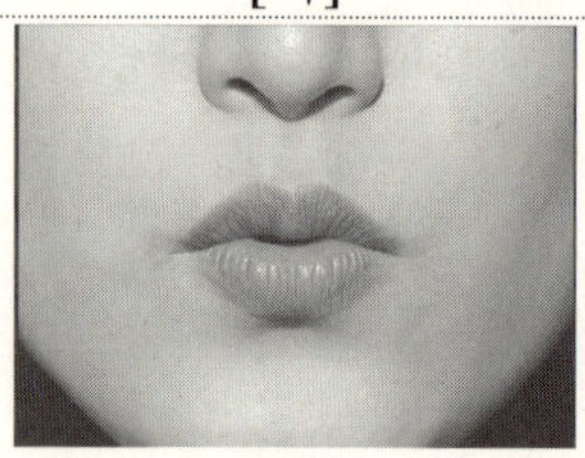 [우]
요 [jo]	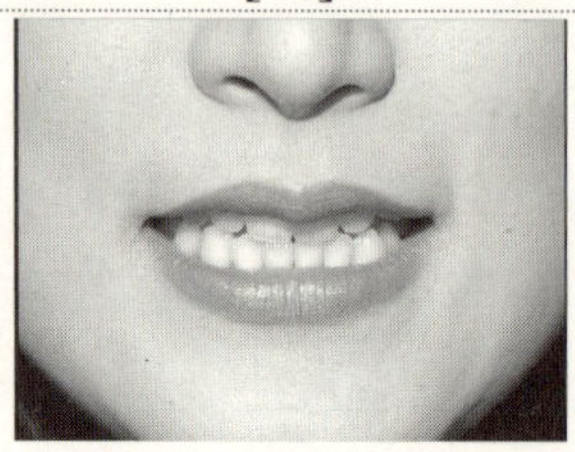 [이]	⇨	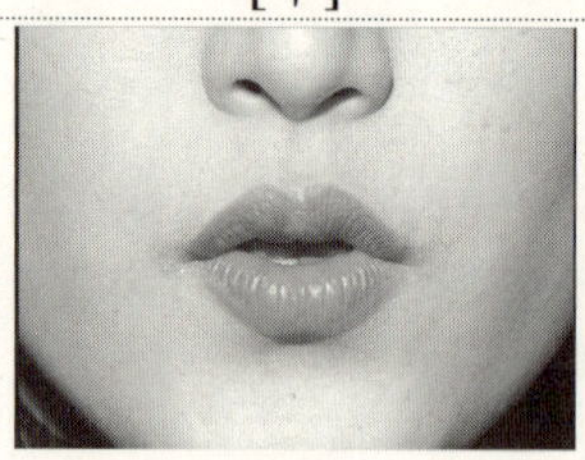 [오]

[표 9. '이'계 이중 모음의 발음법]

	< 첫 모양 >		< 끝 모양 >
의 [ɨj]	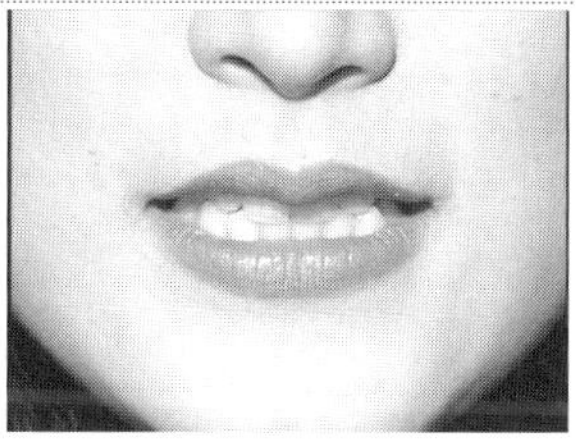 [으]	⇨	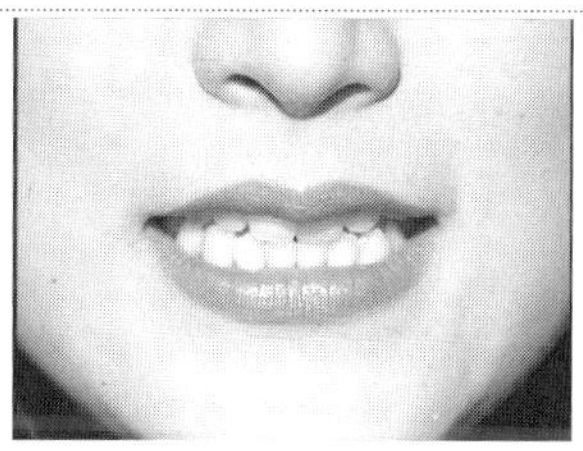 [이]

[표 10. '으'계 이중 모음의 발음법]

2.2. 자음의 발음법

2.2.1. 자음의 분류법

발음을 할 때 목 안이나 입 안의 어느 부분이 막히거나 좁혀지거나 하여 밖으로 나가는 공기의 흐름이 장애를 받아서 나는 소리를 '자음(닿소리)'이라고 한다. 한국어의 자음은 '발음이 일어나는 위치'와 '소리 내는 방법', 그리고 '발성의 방법'의 세 가지 기준으로 다음과 같이 분류한다.

방법(method) \ 자리(position)		입술소리 bilabial	혀끝소리 alveolar	경구개음 palatal	연구개음 velar	목청소리 glottal
파열음 plosive	예사소리(lax)	ㅂ [p]	ㄷ [t]		ㄱ [k]	
	거센소리(aspirated)	ㅍ [pʰ]	ㅌ [tʰ]		ㅋ [kʰ]	
	된소리(tense)	ㅃ[p']	ㄸ[t']		ㄲ[k']	
마찰음 fricative	예사소리(lax)		ㅅ [s]			ㅎ [h]
	된 소 리(tense)		ㅆ[s']			
파찰음 affricative	예사소리(lax)			ㅈ [ʧ]		
	거센소리(aspirated)			ㅊ [ʧʰ]		
	된 소 리(tense)			ㅉ[ʧ']		
비음(nasal)		ㅁ [m]	ㄴ [n]		ㅇ [ŋ]	
유음(liquid)			ㄹ [ɾ]			

[표 11. 자음의 분류]

2.2.2. 자음의 발음법

① [ㅂ, p]

ㄱ. 두 입술을 다물어서 폐에서 나오는 기류를 막는다.

ㄴ. 입술을 개방해서 막았던 공기를 여리게 내뱉는다.

a. Close your lips and block the pulmonic airstream.

b. Release the lip closure and let the airstream pass.

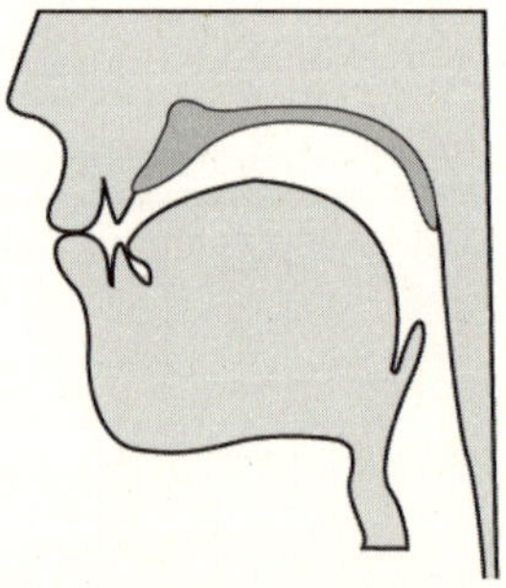

[ㅂ의 입 모양]

② [ㅍ, p^h]

ㄱ. 두 입술을 다물어서 기류를 막는다.

ㄴ. 입술을 개방해서 막았던 공기를 터뜨리면서 많은 양의 공기를 내뱉는다.

a. Close your lips and block the pulmonic airstream.

b. Release the lip closure and let the airstream pass.

c. The amount of air is larger than that of [ㅂ].

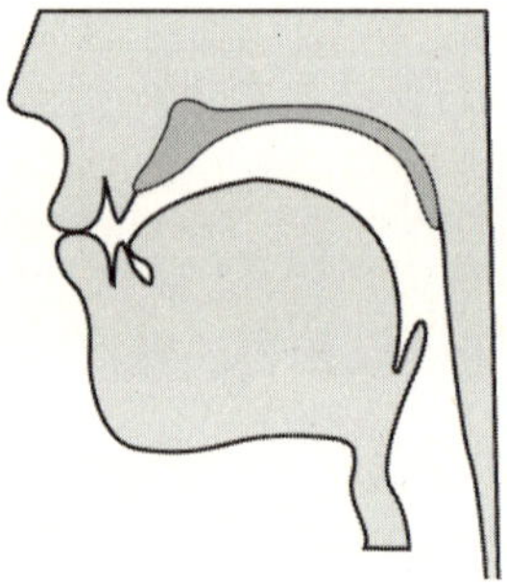

[ㅍ의 입 모양]

③ [ㅃ, p']

ㄱ. 두 입술을 다물어서 기류를 막는다.

ㄴ. 목청에 힘을 주어서 긴장시킨다.

ㄷ. 입술을 개방해서 막았던 공기를 자연스럽게 터뜨려서 내뱉는다.

a. Close your lips and block the pulmonic airstream.

b. Tighten your vocal cords and tense them.

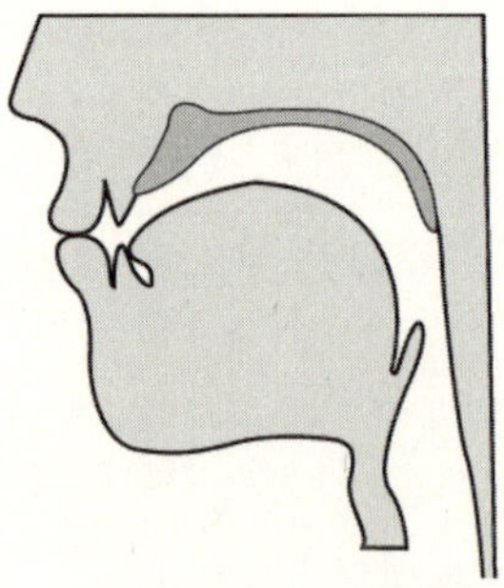

[ㅃ의 입 모양]

c. Release the lip closure and let the airstream pass.

d. The amount of air is smaller than that of [ㅂ].

④ **[ㅁ, m]**

ㄱ. 두 입술을 다물면서 동시에 연구개를 내려서 콧길을 연다.

ㄴ. 입술을 개방하면서 공기가 입과 코로 나가게 한다.

ㄷ. 성대를 진동시킨다.

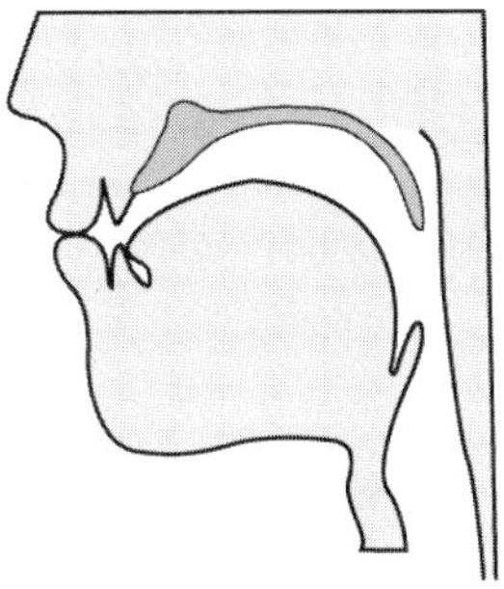

[ㅁ의 입 모양]

a. Close your lips and block the pulmonic airstream.

b. At the same time lower the velum and let the airstream pass through the nose.

c. Release the lip closure and let the airstream pass.

d. While pronouncing it, vocal cords are vibrated.

⑤ **[ㄷ, t]**

ㄱ. 혀끝을 윗잇몸에 붙여서 기류를 막는다.

ㄴ. 혀끝을 개방해서 막았던 기류를 여리게 내뱉는다.

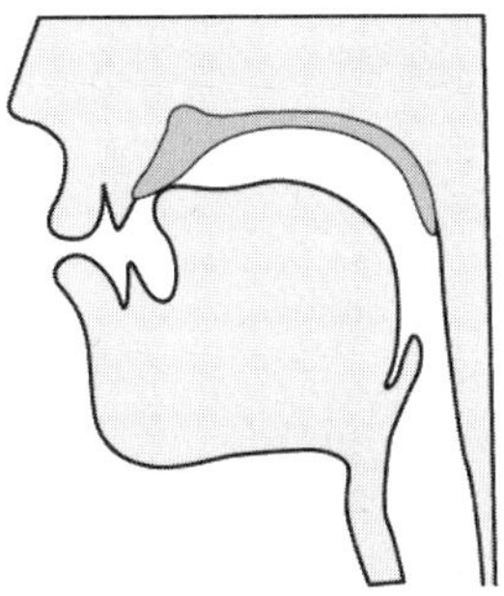

[ㄷ의 입 모양]

a. Block the airstream from the lungs by touching the alveolar ridge with the blade of your tongue.

b. Remove the blade of your tongue and let the airstream pass.

⑥ **[ㅌ, t^h]**

ㄱ. 혀끝을 윗잇몸에 붙여 기류를 막는다.

ㄴ. 혀끝을 개방하여 막았던 공기를 터뜨리면서 동시에 공기를 많이 내뱉는다.

a. Block the airstream from the lungs by touching the alveolar ridge with the blade of your tongue.

b. Remove the blade of your tongue and let the air pass.

c. The amount of the air is larger than that of pronouncing [ㄷ].

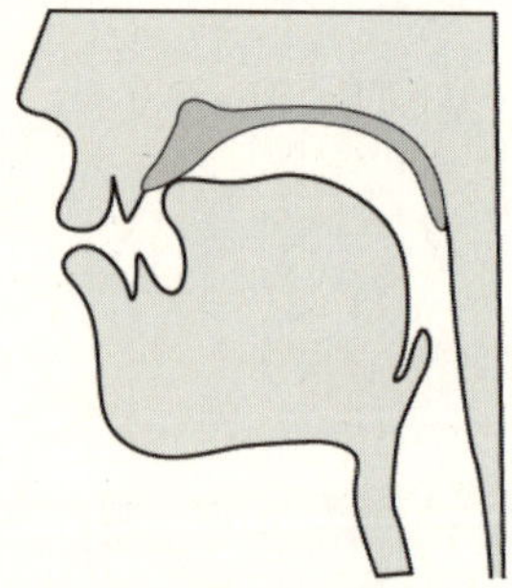

[ㅌ의 입 모양]

⑦ **[ㄸ, t']**

ㄱ. 혀끝을 윗잇몸에 붙였다가 기류를 막는다.

ㄴ. 혀끝을 개방해서 막았던 공기를 터뜨려서 내뱉는다.

a. Block the airstream from the lungs by touching the alveolar ridge with the blade of your tongue.

b. Remove the blade of your tongue and let the air pass.

c. The amount of air is smaller than that of pronouncing [ㄷ].

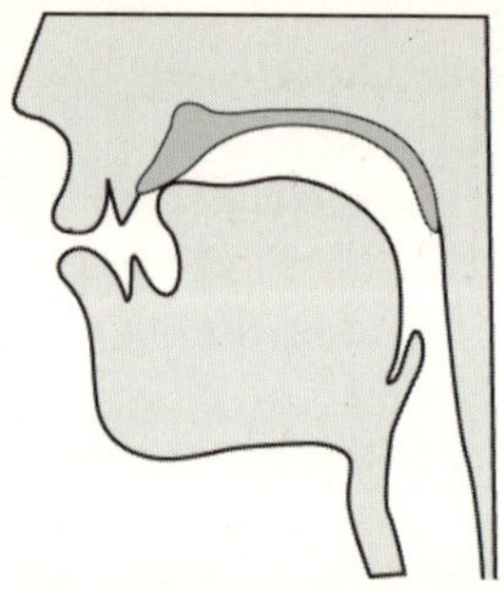

[ㄸ의 입 모양]

⑧ **[ㅅ, s]**

ㄱ. 혀끝을 윗잇몸에 아주 가까이 접근시킨다.

ㄴ. 혀끝과 윗잇몸 사이로 공기를 마찰시키면서 내뿜는다.

a. Bring the blade of your tongue close to the alveolar ridge closely.

b. Obstruct the airstream partially between the blade of the tongue and the alveolar ridge.

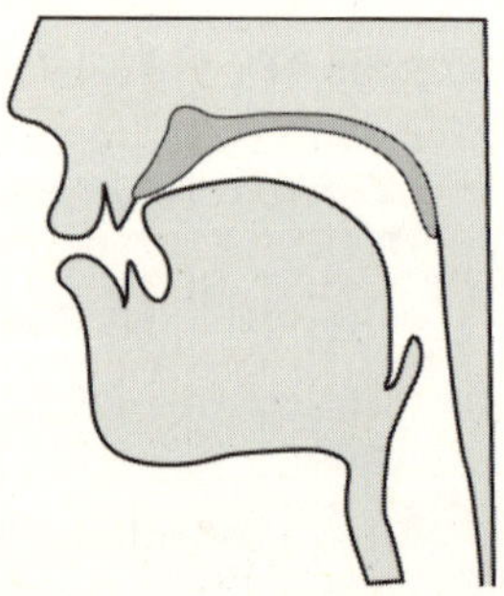

[ㅅ의 입 모양]

⑨ **[ㅆ, s']**

ㄱ. 혀끝을 윗잇몸에 접근시킨다.

ㄴ. 목청에 힘을 주어 긴장시킨다.

ㄷ. 혀끝과 윗잇몸 사이로 공기를 마찰시키면서 내뿜는다.

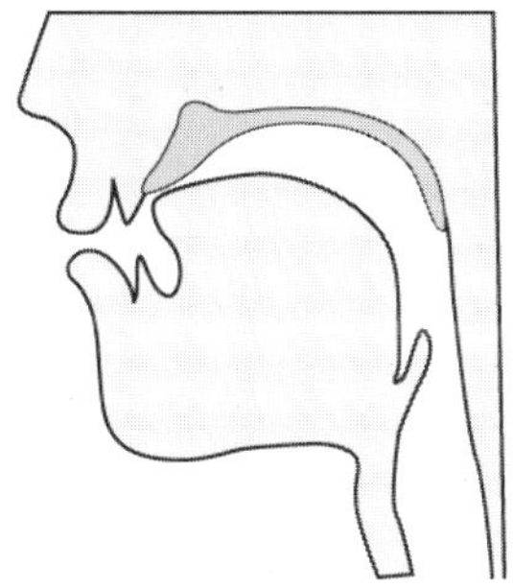

[ㅆ의 입 모양]

a. Bring the blade of your tongue close to the alveolar ridge.

b. Tighten your vocal cords and tense them.

c. Obstruct the airstream partially between the blade of the tongue and the alveolar ridge.

⑩ **[ㄴ, n]**

ㄱ. 혀끝을 윗잇몸에 닿게 하여 기류를 막는다. 동시에 연구개를 내려서 콧길을 연다.

ㄴ. 혀끝을 개방하면서 공기가 입과 코로 나가게 한다.

ㄷ. 성대를 진동시킨다.

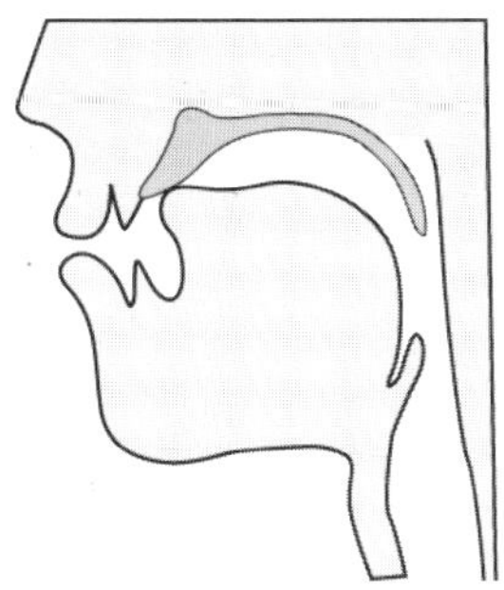

[ㄴ의 입 모양]

a. Put the blade of your tongue beneath the alveolar ridge and block the airstream.

b. At the same time lower the velum and let the airstream pass the nose.

c. Take off the blade of your tongue and let the airstream pass.

d. While pronouncing it, vibrate the vocal cords.

⑪ [ㄹ, ɾ]

ㄱ. 혀끝을 윗잇몸에 가볍게 댄다.

ㄴ. 혀끝을 두들기듯이 빨리 개방한다.

ㄷ. 성대를 진동시킨다.

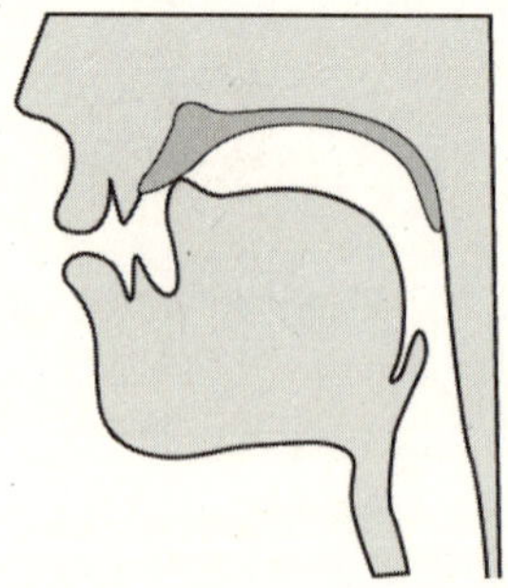

[ㄹ의 입 모양]

a. Touch the alveolar ridge with your tip of the tongue.

b. Then quickly remove the tip of the tongue from the alveolar ridge instantly.

c. While pronouncing it, vibrate the vocal cords.

⑫ **[ㅈ, ʧ]**

ㄱ. 앞혀를 경구개 부분에 닿게 해서 기류를 막는다.

ㄴ. 혀를 개방하여 막았던 공기를 여리게 내뱉는다.

ㄷ. 혀와 경구개의 접촉을 넓혀서 혀를 개방할 때 마찰이 섞여 나오게 한다.

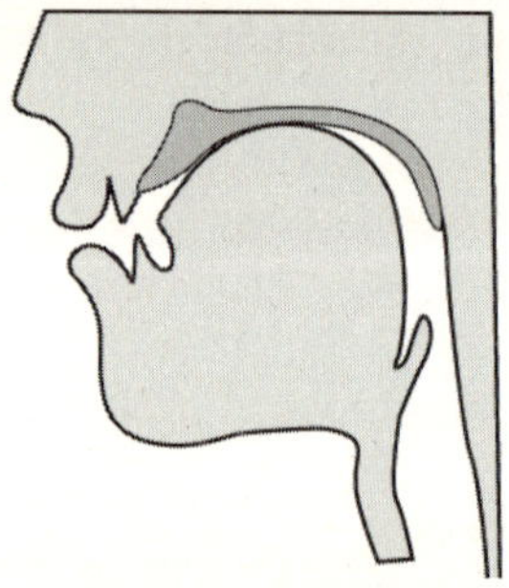

[ㅈ의 입 모양]

a. Block the pulmonic airstream by putting the blade of the tongue beneath the hard palate.

b. Take off the blade of your tongue and let the airstream pass.

c. Obstruct the airstream partially between the blade of the tongue and the alveolar ridge.

⑬ **[ㅊ, $ʧ^h$]**

ㄱ. 앞혀를 경구개 부분에 닿게 해서 기류의 흐름을 막는다.

ㄴ. 혀를 개방하여 막았던 공기를 터뜨리되 많은 양의 공기를 내뱉으며 강하게 마찰시킨다.

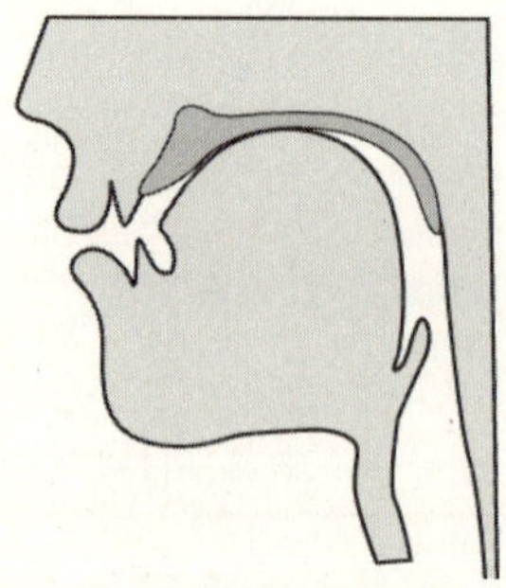

[ㅊ의 입 모양]

a. Block the pulmonic airstream by putting the blade of the tongue beneath the hard palate.

b. Remove the blade of your tongue and let the airstream pass.

c. The amount of air is larger than that of pronouncing [ㅈ].

⑭ **[ㅉ, ʧ']**

ㄱ. 앞혀를 경구개 부분에 닿게 해서 기류의 흐름을 막는다.

ㄴ. 목청에 힘을 주면서 긴장시킨다.

ㄷ. 앞혀를 개방하여 막았던 공기를 자연스럽게 터뜨리면서 마찰시킨다.

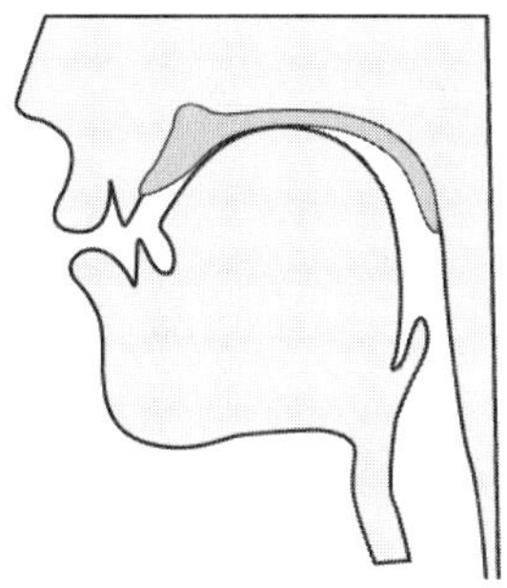

[ㅉ의 입 모양]

a. Block the pulmonic airstream by putting the blade of the tongue beneath the hard palate.

b. Tighten your vocal cords and tense them.

c. Remove the blade of your tongue and let the airstream pass.

d. The amount of air is smaller than that of pronouncing [ㅈ].

⑮ [ㄱ, k]

ㄱ. 뒤혀를 연구개에 붙여서 기류의 흐름을 막는다.

ㄴ. 뒤혀를 개방해서 막았던 기류를 여리게 내뱉는다.

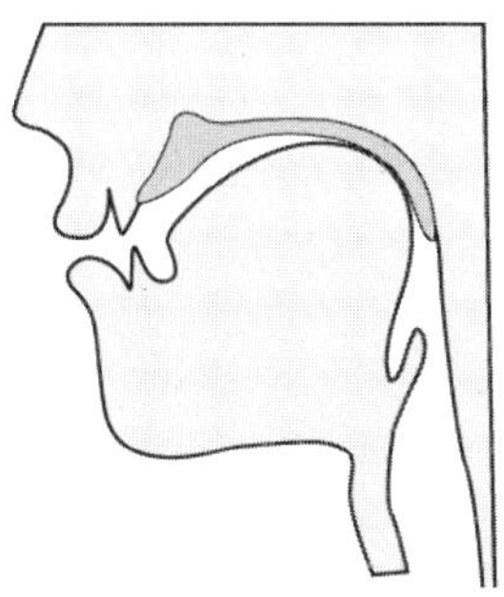

[ㄱ의 입 모양]

a. Block the pulmonic airstream by putting the back of the tongue beneath the soft palate.

b. Remove the back of your tongue and let the airstream pass.

⑯ **[ㅋ, k^h]**

ㄱ. 뒤혀를 연구개에 붙여서 기류의 흐름을 막는다.

ㄴ. 뒤혀를 개방하여 막았던 공기를 터뜨리되, 많은 양의 공기를 내뱉는다.

a. Block the pulmonic airstream by putting the back of the tongue beneath the soft palate.

b. Remove the back of your tongue and let the airstream pass.

c. The amount of air is larger than that of pronouncing [ㄱ].

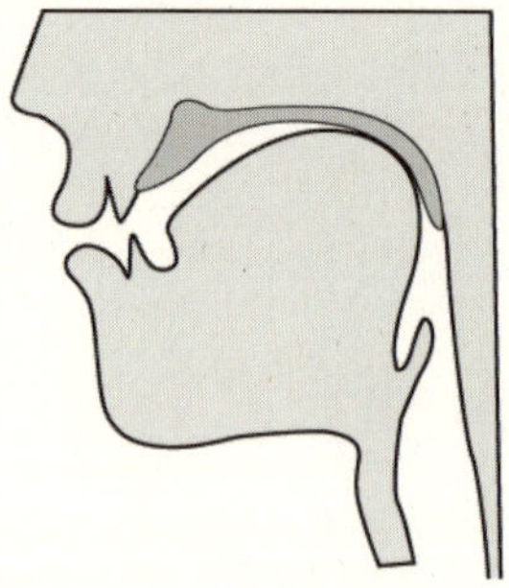

[ㅋ의 입 모양]

⑰ **[ㄲ, k']**

ㄱ. 뒤혀를 연구개에 붙여서 기류의 흐름을 막는다.

ㄴ. 목청에 힘을 주면서 긴장시킨다.

ㄷ. 뒤혀를 개방해서 공기를 터뜨리면서 내뱉는다.

a. Block the pulmonic airstream by putting the back of the tongue beneath the soft palate.

b. Tighten the vocal cords and tense them.

c. Remove the back of your tongue and let the airstream pass.

d. The amount of air is smaller than that of pronouncing [ㄱ].

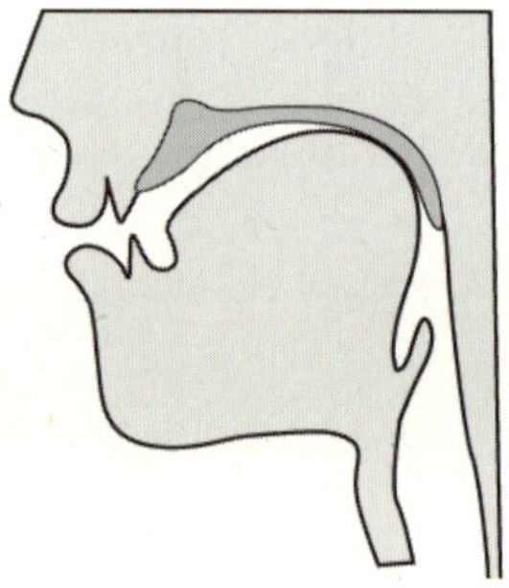

[ㄲ의 입 모양]

⑱ **[ㅇ, ŋ]**

ㄱ. 뒤혀를 연구개에 붙여서 기류의 흐름을 막는다.
동시에 연구개를 내려서 콧길을 연다.

ㄴ. 뒤혀를 개방하면서 공기가 입과 코로 나가게 한다.

ㄷ. 성대를 진동시킨다.

a. Block the pulmonic airstream by putting the back of the

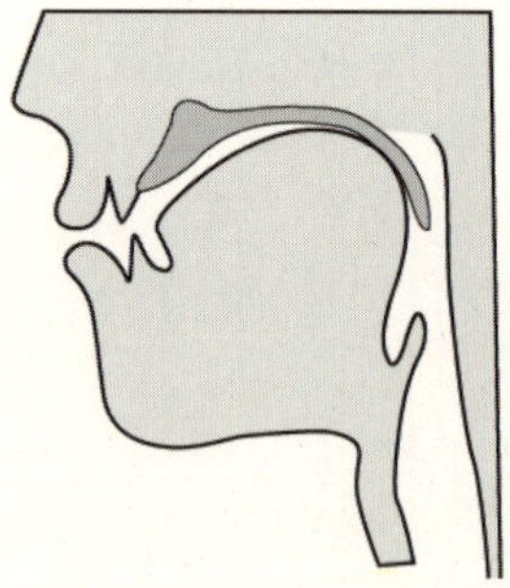

[ㅇ의 입 모양]

tongue beneath the soft palate.

b. At the same time lower the velum and let the airstream pass the nose.

c. While pronouncing it, vibrate the vocal cords.

⑲ **[ㅎ, h]**

ㄱ. 자연스럽게 입을 벌린다.

ㄴ. 동시에 다량의 공기를 목청에서 끌어올려서 내뿜는다.

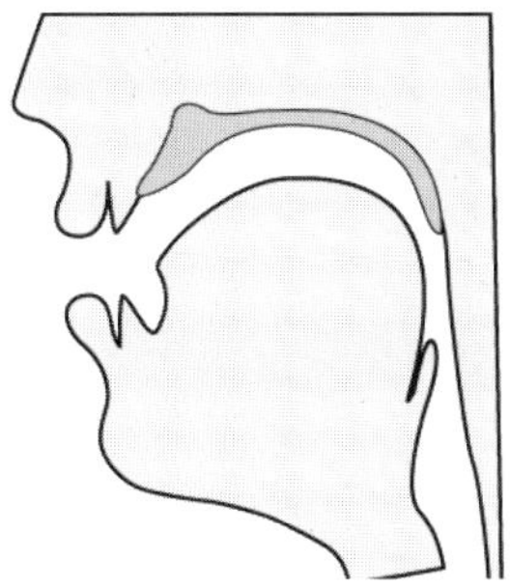

[ㅎ의 입 모양]

a. Open lips naturally.

b. At the same time release the airstream by raising your voice.

제2부 한국어 회화

1. 안녕하세요?

[학습 목표]

○ 인사와 자기소개를 할 수 있다.

○ 인사말, 직업, 나라 및 국적에 관한 어휘를 이해하고 표현할 수 있다.

○ 다음 문장을 이해하고 표현할 수 있다.

- 철수는 학생이에요.
- 철수는 학생이 아니에요.

기본 학습

김미연 : 안녕하세요?

저는 김미연이에요.

스즈키 : 김미연 씨, 반가워요.

저는 스즈키예요.

김미연 : 스즈키 씨는 일본 사람이에요?

스즈키 : 예, 저는 일본 사람이에요.

김미연 : 스즈키 씨는 학생이에요?

스즈키 : 아니요. 저는 학생이 아니에요.

저는 교사예요.

어휘

- 나 : I 我
- 저 : (humbly) I (谦称) 我
- 학생 : a student 学生
- 일본 사람 : a Japanese 日本人
- 회사원 : a company employee 公司职员
- 반갑다 : welcome 高兴
- -씨 : Mr / Miss 先生 / 小姐
- 예 : yes 是
- 아니요 : no 不是
- 안녕하세요? : How are you?(polite expression) 您好!(敬体)
- 반가워요. : I'm glad to meet you.(polite expression) 见到您很高兴。(敬体)

- 사람이에요 [사 : 라미예요]
- 김미연이에요 [김미여니예요]

기본 문법

기본 문법 1 【 A-는 B-예요/이에요 】

가. 저는 김미연이에요. 나. 스즈키 씨는 교사예요. 다. 장쿼렁 씨는 중국 사람이에요. 라. 영수 씨는 학생이에요?

연습 1 빈칸에 보기의 단어를 넣어서 말해 보세요.

<이름> 리자린, 브라운, 김철수, 다나카

① 나는 ____________이에요.

② 이 사람은 ____________예요.

<직업> 의사, 학생, 교사, 경찰관

① 장쿼렁 씨는 ______________예요.

② 다나카 씨는 ______________이에요.

<국적> 일본 사람, 미국 사람, 한국 사람, 중국 사람

① 이 사람은 _____________이에요.

② 브라운 씨는 _____________이에요.

연습 2 빈칸에 보기의 단어를 넣어서 평서문과 의문문을 만들어 보세요.

<보기> 학생, 경찰관, 일본 사람

① 스즈키 씨는 ____________이에요?

② 예, 스즈키 씨는 ____________이에요.

기본 문법 2 【 A-는 B-가 아니에요 】

가. 철수는 의사가 **아니에요**.

나. 스즈키 씨는 일본 사람이 **아니에요**.

연습 1 빈칸에 직업의 이름을 넣어서 말해 보세요.

<보기> 교사, 의사, 선생님, 학생

① 인호는 ____________가 아니에요.

② 스즈키 씨는 ____________이 아니에요.

연습 2 빈칸에 국적의 이름을 넣어서 말해 보세요.

<보기> 한국인, 중국인, 일본인, 미국인

① 스즈키 씨는 ___________이 아니에요.

② 스미스 씨는 ___________이 아니에요.

응용 학습

이윤정 : 경숙 씨, 안녕하세요?

손경숙 : 윤정 씨, 반가워요.

이윤정 : 이분은 김미연 씨예요.

미연 씨는 회사원이에요.

김미연 : 처음 뵙겠어요.

김미연이에요.

이윤정 : 이분은 손경숙 씨예요.

경숙 씨는 의사예요.

손경숙 : 미연 씨, 만나서 반가워요.

— 잠시 후 —

이윤정 : 경숙 씨, 그럼 다음에 만나요.

손경숙 : 네, 윤정 씨. 안녕히 가세요.

응용 어휘

- 이분 : This gentleman, This lady 这位
- 뵙다 : (humbly) see (敬体)拜见，参见
- 만나다 : meet 见，见到
- 가다 : go 去
- 그럼 : then 那么
- 다음에 : later 下次
- 안녕히 : safely 好，平安的
- 처음 뵙겠습니다. : How do you do?(polite expression) 初次见面。(敬体)
- 만나서 반가워요. : Nice to meet you.(polite expression) 见到您很高兴。(敬体)
- 안녕히 가세요. : Good bye.(polite expression) 再见.(敬体)

응용

- 다음에 [다으메]
- 뵙겠습니다 [뵈께씀니다]

응용 문법

응용 문법 1 【 -이/가, -은/는 】

연습 1 빈칸에 조사 '-은/-는'을 넣어서 말해 보세요.

> 가. 이분은 김미연 씨예요.
>
> 나. 저는 김미연이에요.

① 김철수_____ 학생이에요. ② 홍길동_____ 의사예요.

③ 박영미 씨_____ 회사원이에요. ④ 이 사람_____ 이송이 씨예요.

연습 2 빈칸에 조사 '-이/-가'를 넣어서 말해 보세요.

> 가. 저는 학생이 아니에요.
>
> 나. 리에 씨는 교사가 아니에요.

① (질문) : 스미스 씨는 경찰관이에요?

(대답) : 아니요. 스미스는 경찰관____ 아니에요.

② (질문) : 김송희 씨는 의사예요?

(대답) : 아니요. 김송희 씨는 의사____ 아니에요.

③ (질문) : 리에 씨는 회사원_____ 아니에요?

(대답) : 예, 리에 씨는 회사원_____ 아니에요.

활동하기

활동 1 자기의 이름, 국적, 직업을 다른 사람에게 소개해 보세요.

(이름) 저는 ______________ 예요. 저는 ______________ 이에요.

(국적) 저는 ______________ 사람이에요. 저는 ______________ 인이에요.

(직업) 저는 ______________ 예요. 저는 ______________ 이에요.

활동 2 다른 사람에게 자기의 친구를 소개해 보세요.

(1) 이분은 ________ 씨예요. [이름]

(2) _______ 씨는 ________이에요/예요. [이름, 직업]

(3) _______ 씨는 ________이에요/예요. [이름, 국적]

활동 3 다음 보기를 이용해서 처음 만나는 사람과 인사해 보세요.

(A) 안녕하세요? 저는 ________ 예요./이에요. [이름]

(B) _______ 씨, 만나서 반가워요. [이름]

저는 __________ 예요./이에요. [이름]

(A) _______ 씨는 __________ 사람이에요? [이름, 국적]

(B) 예. 저는 ___________ 사람이에요. [국적]

아니요. 저는 __________ 사람이에요. [국적]

(A) _______ 씨, 안녕히 가세요. [이름]

(B) _______ 씨, 다음에 만나요. [이름]

풀어 보기

풀어 보기 1

문제 1 빈칸에 자신의 이름을 넣어서 말해 보세요.

① 저는 __________ 이에요.

② 저는 __________ 예요.

문제 2 빈칸에 자신의 직업 이름을 넣어서 말해 보세요.

① 저는 __________ 이에요.

② 저는 __________ 예요.

문제 3 빈칸에 나라 이름을 넣어서 소개해 보세요.

① 홍길동 씨는 _______ 사람이에요.

② 스즈키 씨는 _______ 사람이에요.

③ 뤄시허 씨는 _______ 사람이에요.

④ 스미스 씨는 _______ 사람이에요.

풀어 보기 2

문제 1 빈칸에 '-이에요/-예요'를 넣어서 말해 보세요.

① 홍길동 씨는 한국 사람____________.

② 다나카 씨는 의사____________.

문제 2 빈칸에 '-이/-가'를 넣어서 말해 보세요.

① 홍길동 씨는 미국 사람____ 아니에요.

② 다나카 씨는 의사_____ 아니에요.

문제 3 빈칸에 '-은/-는'을 넣어서 말해 보세요.

① 스미스_____ 회사원이에요.

② 손명일_____ 소방관이에요.

풀어 보기 3

문제 다음의 표현을 자연스럽게 발음해 봅시다.

① 사람이 [ ]

② 회사원이에요. [ ]

③ 소방관이 [ ]

④ 다음에 [ ]

더 배우기

어휘 넓히기

국적 어휘

- 한국 사람(한국인) : a Korean 韩国人
- 미국 사람(미국인) : an American 美国人
- 일본 사람(일본인) : a Japanese 日本人
- 중국 사람(중국인) : a Chinese 中国人
- 영국 사람(영국인) : an Englishman 英国人
- 독일 사람(독일인) : a German 德国人

직업 어휘

- 학생 : a student 学生
- 교사 : a teacher 老师
- 공무원 : a public service worker 公务员
- 경찰관 : a policeman 警察
- 소방관 : a fire fighter(man) 消防员
- 의사 : a doctor 医生

인사말

- 안녕하세요? : How are you? 您好!
- 반갑습니다. : welcome. 见到您很高兴。
- 안녕히 계세요. : Good bye. 再见。
- 안녕히 가세요. : Good bye. 再见。
- 잘 가요. : Good bye. 见，慢走。
- 다녀오겠습니다. : I'm going. 我去了。(临走之前)
- 잘 디녀오세요. : Have a nice day. 慢走。
- 잘 먹겠습니다. : This look good. (用餐前) 看起来，很好吃，谢谢。
- 잘 먹었습니다. : That was delicious. (用餐后) 我吃好了，谢谢。
- 실례합니다. : Excuse me. 不好意思。
- 어서 오세요. : welcome. 欢迎光临。
- 안녕히 주무세요. : Good night. 晚安(敬体)
- 잘 자(요). : Good night. 晚安。
- 감사합니다. : Thanks. 谢谢。
- 고맙습니다. : Thanks. 谢谢。
- 또 봅시다. : See you again. 回头见。
- 또 만나요. : See you again. 再见。
- 축하해요. : Congratulation. 祝贺(您)。

문법 넓히기

기본 문형 1

N-은 N-이다※

① 철수가 학생이다.

② 스즈키 씨가 일본 사람이다.

③ 김영희 씨가 한국 사람이다.

④ 왕로녕 씨가 중국인이다.

기본 문형 2

N-은 N-이 아니다

① 김영희 씨는 일본 사람이 아니다.

② 다나카 씨는 중국 사람이 아니다.

③ 스미스 씨는 교사가 아니다.

④ 오쿠 씨는 의사가 아니다.

※ 기본 문형에서 사용되는 기호 N은 명사(noun)를 나타낸다.

2. 냄비는 식탁 위에 있어요.

[학습 목표]

○ 사람이나 사물의 존재와 위치에 대한 표현을 이해하고 말할 수 있다.

○ 위치와 방향에 관련된 어휘를 이해하고 표현할 수 있다.

○ 다음 문장을 이해하고 표현할 수 있다.

- 냄비는 식탁에 있어요.
- 라면은 냉장고에 없어요.
- 저는 식당에서 식사해요.

기본 학습

김미연 : 윤정 씨, 냄비는 어디에 있어요?

이윤정 : 냄비는 식탁 위에 있어요.

김미연 : 계란은 어디에 있어요?

이윤정 : 계란은 냉장고에 있어요.

김미연 : 윤정 씨, 라면도 냉장고에 있어요?

이윤정 : 아니요, 라면은 냉장고에 없어요.

라면은 찬장 안에 있어요.

기본 어휘

(1) 본문 어휘

- 냄비 : a pan 锅
- 식탁 : a table 餐桌
- 냉장고 : a refrigerator 冰箱
- 찬장 : a cup board 碗柜
- 계란 : an egg 鸡蛋
- 라면 : instant Chinese noodles 方便面
- 위 : on 上，上面
- 안 : in 内，里
- 있다 : is (be) 有，在
- 없다 : isn't 没有，不在
- 어디 : where 哪里

(2) 참고 어휘

- 안(속) : inside 内，里
- 밖(겉) : outside 外，外边
- 위 : above 上，上面
- 아래(밑) : under 下面
- 앞 : front 前，前面
- 뒤 : back 后，后边
- 오른쪽 : right 右，右边
- 왼쪽 : left 左，左边
- 옆 : side 旁，旁边
- 사이 : between 中间，之间

기본 발음

- 계란은 [계라는]
- 안에 [아네]
- 있어요 [이써요]
- 없어요 [업 : 써요]

기본 문법

기본 문법 1 【 A-는 B-에 있어요/없어요 】

가. 계란은 찬장에 있어요.

나. 냄비는 찬장 안에 없어요.

연습 1 빈칸에 '-에'를 넣어서 말해 보세요.

① 미연 씨는 가게_____ 있어요.

② 라면은 냉장고_____ 없어요.

연습 2 빈칸에 보기의 단어를 넣어서 말해 보세요.

<보기> 안, 밖, 위, 아래, 옆, 앞, 뒤, 사이

① 냄비는 탁자 ______에 있어요.

② 라면은 찬장 ______에 있어요.

기본 문법 2 【 A-에는 B-가 있어요/없어요 】

가. 찬장에는 라면이 있어요.

나. 찬장에는 라면이 없어요.

연습 1 빈칸에 보기에 있는 물건의 이름을 넣어서 말해 보세요.

<보기> 라면, 계란, 냉장고, 찬장, 냄비, 식탁

① 가게에는 _________이 없어요. ② 가게에는 _________가 없어요.

기본 문법 3 【 네/예, 아니요 】

가. 라면은 냉장고에 있어요?
나. 네, 라면은 냉장고에 있어요.
아니요, 라면은 냉장고에 없어요.

연습 1 빈칸에 '네/예'와 '아니요'를 넣어서 말해 보세요.

① (물 음): 윤정 씨는 집에 있어요?

(대답 1): ________, 집에 있어요.

(대답 2): ________, 집에 없어요.

② (물 음): 냄비는 식탁에 있어요?

(대답 1): ________, 냄비는 식딕에 있어요.

(대답 2): ________, 냄비는 식탁에 없어요.

연습 2 빈칸에 '있어요'와 '없어요'를 넣어서 말해 보세요.

① (물 음): 계란은 찬장에 있어요?

(대답 1): 예, 계란은 찬장에 ________.

(대답 2): 아니요, 계란은 찬장에 ________.

② (물 음): 냄비는 식탁 위에 있어요?

(대답 1): 예, 냄비는 식탁 위에 ________.

(대답 2): 아니요, 냄비는 식탁 위에 ________.

응용 학습

최순호 : 식당은 어디에 있어요?

이윤정 : 식당은 저 건물 안에 있어요.

이윤정 : 여기가 식당이에요.

저는 식당에서 식사해요.

최순호 : 식당 안에 매점이 있어요?

이윤정 : 네, 식당 안에 매점이 있어요.

저기가 매점이에요.

최순호 : 우리 이쪽 자리에 앉아요.

이윤정 : 아니요, 우리 저쪽 자리에 앉아요.

응용 어휘

- 식당 : a restaurant 饭馆，餐厅
- 저 : that 那
- 저기 : there 那里
- 건물 : a building 楼
- 매점 : a store 小卖部
- 우리 : we 我们
- 자리 : a seat 位子
- 식사하다 : eat, take a meal 吃饭，用餐
- 앉다 : sit down 坐
- 이쪽 : this way 这边
- 저쪽 : that way 那边

응용 발음

- 앉아요 [안자요]
- 매점 [매 : 점]
- 식당 [시땅]
- 식사 [식싸]

응용 문법

응용 문법 1 【 A-는 B-에서 ~ 해요】

가. 영수 씨는 어디에서 식사해요?

나. 나는 식당에서 식사해요.

연습 빈칸에 '-에서'를 넣어서 말해 보세요.

① 나는 식당________ 식사해요.

② 미연 씨는 방________ 자요.

③ 영수 씨는 어디________ 공부해요?

응용 문법 2 【 -아요/어요/해요 】

가. 우리 이쪽 자리에 앉아요.

나. 우리 식당에서 식사해요.

연습 다음 빈칸에 명령형 어미인 '-아요/어요/해요'를 넣어서 말해 보세요.

① 미연 씨, 자리에 __________. [앉다]

② 우리 방에서 __________. [쉬다]

③ 우리 여기서 __________. [공부하다]

④ 우리 이 교실에서 __________. [일하다]

활동하기

활동 1 다음의 그림을 보고 물건의 위치를 말해 보세요.

① 컵은 책상 [ ]에 있어요. ② 컵은 책꽂이 [ ]에 있어요.

③ 책상은 컵 [ ]에 있어요. ④ 책은 책꽂이 [ ]에 있어요.

⑤ 종이는 연필 [ ]에 있어요. ⑥ 컵은 연필의 [ ]에 있어요.

⑦ 연필은 종이와 컵의 [ ]에 있어요.

활동 2 교실 안에 있는 여러 가지 물건을 '이것, 그것, 저것, 어느 것'으로 표현해 보세요.

활동 3 주위에 있는 장소를 '여기, 거기, 저기, 어디'로 표현해 보세요.

풀어 보기

풀어 보기 1

문제 1 보기에 있는 단어를 빈칸에 넣어서 문장을 완성하세요.

<보기> 식탁, 냉장고, 여기, 저기, 거기, 어디

① 냄비는 ________ 에 있어요.

② 계란은 ________ 에 있어요.

③ 냉장고는 ________ 에 있어요?

④ 찬장은 ________ 에 있어요?

문제 2 보기에 있는 단어를 빈칸에 넣어서 문장을 완성하세요.

<보기> 안, 밖, 위, 아래, 앞, 뒤, 옆, 왼쪽, 오른쪽

① 냄비는 탁자 ________에 있어요.

② 계란은 냉장고 ________에 있어요.

③ 냉장고는 찬장 ________에 있어요.

④ 식당은 건물 ________에 있어요.

풀어 보기 2

문제 1 보기에 있는 단어를 빈칸에 넣어서 문장을 완성하세요.

<보기> 여기, 저기, 거기, 이쪽, 그쪽, 저쪽, 어디

① 매점은 ___________에 있어요.

② 냉장고는 _________에 있어요?

③ 식당은 ___________에 있어요.

④ 찬장은 ___________에 있어요?

문제 2 빈칸에 보기에 있는 말을 넣어서 문장을 만들어 보세요.

<보기> -에서, -에

① 미연 씨는 어디______ 공부해요?

② 냉장고는 어디_______ 있어요?

③ 인호 씨는 학교______ 공부해요.

④ 냉장고는 문 옆______ 있어요.

문제 3 빈칸에 보기의 단어를 넣어서 말해 보세요.

(1) 어느 ; 이, 그, 저

(2) 어느 분 ; 이분(이 사람), 그분(그 사람), 저분(저 사람)

(3) 어느 것 ; 이것, 그것, 저것

(4) 어디 ; 여기, 저기, 거기

(5) 어느 쪽 ; 이쪽, 그쪽, 저쪽

① (질문) : 계란은 ______ 가게에 있어요?

(대답) : 계란은 ______ 가게에 있어요.

② (질문) : ________이 김철수 씨예요?

(대답) : ________이 김철수 씨예요.

③ (질문) : ________이 냄비예요?

(대답) : ________이 냄비예요.

④ (질문) : 라면은 _______에 있어요?

(대답) : 라면은 _______에 있어요.

⑤ (질문) : 우리 _________ 자리에 앉을까요?

(대답) : 우리 _________ 자리에 앉아요.

풀어 보기 3

문제 1 다음의 표현을 자연스럽게 발음해 보세요.

① 계란은 [   ]

② 있어요 [   ]

③ 없어요 [   ]

④ 앉아요 [   ]

더 배우기

어휘 넓히기

가리킴 표현

	이	그	저	어느
사람	이 사람/이분 (this one)	그 사람/그분 (that one)	저 사람/저분 (that one)	어느 사람/어느 분 (which one)
사물	이것 (this)	그것 (that thing, it)	저것 (that thing)	어느 것 (which one)
장소	여기 (here)	거기 (there)	저기 (that place)	어디 (where)
방향	이쪽 (this side)	그쪽 (that side)	저쪽 (over there)	어느 쪽 (which side)

방향 표현

북쪽(the north, 北边)

서쪽(the west, 西边)

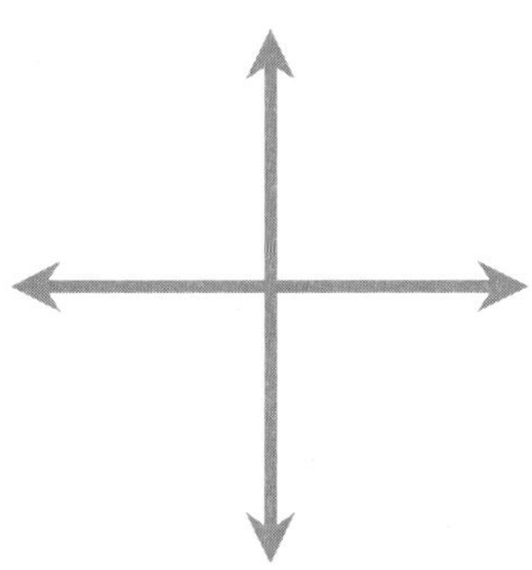

동쪽(the east, 东边)

남쪽(the south, 南边)

문법 넓히기

기본 문형 3

N-이 Verb※

① 비가 온다.

② 아이가 자란다.

③ 새가 운다.

④ 기차가 달린다.

기본 문형 4

N-이 Adj

① 하늘이 파랗다.

② 손이 크다.

③ 얼굴이 검다.

④ 날씨가 흐리다.

※ 기본 문형에서 사용되는 기호 Verb는 동사, Adj은 형용사(Adjective)를 나타낸다.

3. 지우개 열 개 주세요.

[학]

○ 수량에 대한 표현을 이해하고 사물을 헤아릴 수 있다.

○ 수량에 관한 어휘를 이해하고 표현할 수 있다.

○ 다음 문장을 이해하고 표현할 수 있다.

- 지우개는 모두 열 개입니다.
- 연필 열 자루 주세요.
- 사과는 한 개에 이백 원이에요.

기본 학습

이윤정 : 아가씨, 지우개 열 개 주세요.

점　원 : 네, 잠시만 기다리세요.

하나, 둘, 셋, 넷, 다섯, 여섯, 일곱, 여덟, 아홉, 열.

전부 열 개입니다.

이윤정 : 한 개, 두 개, 세 개, 네 개, 다섯 개, 여섯 개,

일곱 개, 여덟 개, 아홉 개, 열 개.

연필 다섯 자루도 주세요.

점　원 : 한 자루, 두 자루, 세 자루, 네 자루, 다섯 자루.

전부 다섯 자루입니다.

어휘

(1) 본문 어휘

- 아가씨 : Miss(a young lady) 姑娘, 小姐
- 지우개 : an eraser 橡皮
- 연필 : a pencil 铅笔
- ~ 자루 : a stick of ~ 支
- ~ 개 : a unit of ~个
- -도 : too 也
- 주다 : give 给
- 기다리다 : wait 等
- 전부 : all 一共, 全部
- 잠시 : for a short time 一下, 一会儿
- 잠시만 기다리세요. : Just moment, please. Wait a minute please. 请稍等一下
- 연필 한 자루 : a piece of pencil 一支铅笔

(2) 참고 어휘

아라비아 숫자		1	2	3	4	5	6	7	8	9	10
수량	한자어	일	이	삼	사	오	육	칠	팔	구	십
	고유어	하나 (한)	둘 (두)	셋 (세)	넷 (네)	다섯	여섯	일곱	여덟	아홉	열
순서		첫째	둘째	셋째	넷째	다섯째	여섯째	일곱째	여덟째	아홉째	열째

아라비아 숫자		10	20	30	40	50	60	70	80	90	100
수량	한자어	십	이십	삼십	사십	오십	육십	칠십	팔십	구십	백
	고유어	열	스물	서른	마흔	쉰	예순	일흔	여든	아흔	백
순서		열째	스무째	서른째	마흔째	쉰째	예순째	일흔째	여든째	아흔째	백째

연습 1 다음의 아라비아 숫자를 보기처럼 읽어 보세요.

<보기> 3 [삼, 셋, 세 개, 셋째]

① **1** [, , ,]

② **2** [, , ,]

③ **7** [, , ,]

④ **9** [, , ,]

⑤ **4** [, , ,]

연습 2 다음의 아라비아 숫자를 보기처럼 읽어 보세요.

<보기> 34[삼십사, 서른넷, 서른네 개]

① **11** [, ,]

② **24** [, ,]

③ **72** [, ,]

④ **98** [, ,]

⑤ **45** [, ,]

기본 발음

- 다섯 개 [다섣깨]
- 다섯 자루 [다섣짜루]
- 일곱 개 [일곱깨]
- 열 개 [열깨]

기본 문법

기본 문법 1 【 ~ 개 주세요 】

가. 사과 주세요.

나. 사과 두 개 주세요.

연습 1 보기처럼 아래의 문장을 말해 보세요.

<보기> [사과, 주다] → 사과 주세요.

① [지우개, 주다] → 지우개 ________________.

② [배, 주다] → 배 ________________.

③ [과자, 주다] → 과자 ________________.

④ [시계, 주다] → 시계 ________________.

연습 2 보기처럼 아래의 문장을 말해 보세요.

<보기> [사과, **2**개, 주다] → 사과 두 개 주세요.

① [지우개, **8**개, 주다] → 지우개 __________ 주세요.

② [배, **5**개, 주다] → 배 __________ 주세요.

③ [공, **10**개, 주다] → 공 __________ 주세요.

④ [시계, **3**개, 주다] → 시계 __________ 주세요.

응용 학습

주　인: 어서 오세요.

최순호: 사과는 한 개에 얼마예요?

주　인: 사과는 한 개에 2,000원이에요.

최순호: 배는 한 개에 얼마예요?

주　인: 배는 한 개에 4,000원이에요.

최순호: 사과 두 개, 배 네 개 주세요.

주　인: 여기 있습니다.

최순호: 여기 20,000원 있습니다.

주　인: 안녕히 가세요.

응용 어휘

(1) 본문 어휘

- 주인 : a storekeeper 店主
- 사과 : an apple 苹果
- 배 : a pear 梨
- 거스름돈 : change 找钱
- 오다 : come 来
- 가다 : go 去
- 어서 : quickly 快, 赶快
- 얼마 : how much 多少
- 어서 오세요. : Welcome. 欢迎光临。
- 얼마예요? : How much is it? 多少钱?

(2) 참고 어휘

	10,000 (만)	1,000 (천)	100 (백)	10 2(십)	1 (일)
1(일)	만	천	백	십	일
2(이)	이만	이천	이백	이십	이
3(삼)	삼만	삼천	삼백	삼십	삼
4(사)	사만	사천	사백	사십	사
5(오)	오만	오천	오백	오십	오
6(육)	육만	육천	육백	육십	육
7(칠)	칠만	칠천	칠백	칠십	칠
8(팔)	팔만	팔천	팔백	팔십	팔
9(구)	구만	구천	구백	구십	구

연습 1 보기처럼 다음의 아라비아 숫자를 읽어 봅시다.

<보기 > 200 [이백] 35,626 [삼만 오천육백이십육]

① 7 [ ]

② 9 [ ]

③ 34 [ ]

④ 56 [ ]

⑤ 98 [ ]

⑥ 200 [ ]

⑦ 456 [ ]

⑧ 704 [ ]

⑨ 906 [ ]

⑩ 1,120 [ ]

⑪ 1,249 [ ]

⑫ 5,541 [ ]

⑬ 7,237 [ ]

⑭ 8,456 [ ]

⑮ 6,698 [ ]

⑯ 35,098 [ ]

⑰ 54,237 [ ]

응용 문법

응용 문법 1 【 A는 ~ 개에 ~ 원이에요 】

> 가. 사과는 한 개에 얼마예요?
>
> 나. 사과는 한 개에 이천 원이에요.

연습 보기를 보고 빈칸에 적절한 단어를 넣어 말해 보세요.

> <보기> 연필 1개 : 300원　　　사과 1개 : 2,000원
>
> 지우개 1개 : 200원　　　배 1개 : 4,000원

① (질문) : 연필은 한 개에 얼마예요?

(대답) : 연필은 ______ 개에 ______ 원이에요.

② (질문) : 지우개는 두 개에 얼마예요?

(대답) : 지우개는 ______ 개에 ________ 원이에요. (400원)

③ (질문) : 사과는 세 개에 얼마예요?

(대답) : 사과는 ______ 개에 ________ 원이에요. (6,000원)

④ (질문) : 배는 두 개에 얼마예요?

(대답) : 배는 ______ 개에 ________ 원이에요. (8,000원)

⑤ (질문) : 지우개는 네 개에 얼마예요?

(대답) : 지우개는 ______ 개에 ________ 원이에요. (800원)

활동하기

활동 1 주위에 있는 물건을 가져다 친구에게 보여 주세요. 그리고 친구는 그 물건의 수를 말해 보세요.

<보기> 연필 두 자루가 있어요.
동전 세 개가 있어요.

활동 2 각자 소지품 1개의 가격을 아라비아 숫자로 친구에게 적어 주세요. 친구는 그 물건의 전체 가격을 <보기>처럼 말해 보세요.

1자루에 200원

1마리에 30,000원

<보기> ① 연필 세 자루에 육백 원이에요.
② 개 네 마리에 만 이천 원이에요.

활동 3 다음의 보기처럼 각자 가지고 있는 돈의 액수를 아라비아 숫자로 제시하고, 그것을 한국어로 말해 보세요.

34,521원 **25,730원**

<보기> ① 삼만 사천오백이십 원
② 이만 오천칠백삼십일 원

풀어 보기

풀어 보기 1

문제 1 다음의 보기처럼 아라비아 숫자를 읽어 보세요.

<보기> 3 [삼, 셋]

① 5 [,]

② 16 [,]

③ 98 [,]

④ 3,456 [,]

문제 2 다음의 수 뒤에 들어갈 수 있는 단위 명사를 넣어 보세요.

① 소 한 ________ ② 연필 열 ________

③ 자동차 세 ________ ④ 지우개 다섯 ________

⑤ 꽃 열 ________ ⑥ 술 아홉 ________

⑦ 신 일곱 ________

풀어 보기 2

문제 1 다음 보기처럼 빈칸에 들어갈 알맞은 말을 넣어서 말해 보세요.

<보기> (질문) : 사과 한 개에 얼마예요?

(대답) : 사과 한 개에 이천 원이에요.(2,000원)

① (질문) : 연필 다섯 ________에 얼마예요?

(대답) : 연필 다섯 ________에 __________ 원이에요. (1,000원)

② (질문) : 종이 네 ________에 얼마예요?

(대답) : 종이 네 ________에 __________ 원이에요. (120원)

③ (질문) : 술 열두 ________에 얼마예요?

(대답) : 술 열두 ________에 __________ 원이에요. (22,000원)

문제 2 보기에서 적당한 단어를 골라서, 아래의 문장의 빈칸에 넣어서 말해 보세요.

<보기> 자루, 마리, 개, 장, 대, 그루, 권

① 자동차는 모두 몇 __________예요?

→ 자동차는 아홉 __________예요.

② 연필은 모두 몇 __________예요?

→ 연필은 세 __________예요.

③ 사과는 모두 몇 __________예요?

→ 사과는 일곱 __________예요.

④ 소는 모두 몇 __________예요?

→ 소는 다섯 __________예요.

⑤ 종이는 모두 몇 __________이에요?

→ 종이는 열 __________이에요.

⑥ 나무는 모두 몇 __________예요?

→ 나무는 두 ________예요.

⑦ 책은 모두 몇 _________예요?

→ 책은 여섯 _________이에요.

풀어 보기 3

문제 1 다음 단어들을 자연스럽게 발음해 보세요.

① 다섯 개 [ ]

② 일곱 개 [ ]

③ 여섯 자루 [ ]

④ 열 개 [ ]

더 배우기

어휘 넓히기

단위 표현

단위 명사	보기	단위 명사	보기
~개	지우개 한 개	~자루	연필 두 자루
~병	술 세 병	~권	책 네 권
~장	종이 다섯 장	~대	자동차 여섯 대
~마리	소 일곱 마리	~켤레	신 여덟 켤레
~송이	꽃 아홉 송이	~그루	나무 열 그루

① 인호 씨는 지우개 한 개를 사요.

② 나는 매일 술 세 **병**을 마셔요.

③ 인수는 종이 다섯 **장**을 찢어요.

④ 나는 소 일곱 **마리**를 키워요.

⑤ 어머니가 꽃 아홉 **송이**를 사요.

⑥ 철수가 연필 두 **자루**를 깎아요.

⑦ 스미스 씨는 책 네 **권**을 읽어요.

⑧ 자동차 여섯 **대**가 지나가요.

⑨ 오늘 시장에서 신 여덟 **켤레**를 사요.

⑩ 마당에 나무 열 그루를 심어요.

문법 넓히기

기본 문형 5

N-이 N-에 있다/없다

① 냄비가 식탁에 있다.

② 냉장고가 문 옆에 있다.

③ 식당이 이 건물에 없다.

④ 텔레비전이 이 방에 없다.

기본 문형 6

N-이 N-에서 Verb

[가] ① 인수 씨가 이 식당에서 식사해요.

② 철수 씨가 저 건물에서 공부해요.

③ 스즈키 씨가 일본에서 일해요.

[나] ① 동생이 집에서 출발해요.

② 형이 학교에서 떠났어요.

4. 오전 9시에 출근해요.

[학습 목표]

○ 시간, 날짜, 요일, 월, 연도 등의 표현을 이해하고 말할 수 있다.

○ 시간, 날짜, 요일, 월, 연도와 관련된 어휘를 이해하고 표현할 수 있다.

○ 다음 문장을 이해하고 표현할 수 있다.

- 저는 5시에 일어나요.
- 12시부터 1시까지 점심을 먹어요.
- 저는 주말에는 영화를 봐요.

기본 학습

박남일 : 명숙 씨는 아침에 몇 시에 일어나요?

황명숙 : 새벽 5시 30분에 일어나요.

그리고 아침 6시에서 7시까지 운동을 해요.

박남일 : 명숙 씨는 몇 시에 회사에 출근해요?

황명숙 : 오전 9시에 회사에 출근해요.

박남일 : 점심은 언제 먹어요?

황명숙 : 12시부터 오후 1시까지 점심을 먹어요.

박남일 : 몇 시에 퇴근해요?

황명숙 : 오후 4시 50분에 퇴근해요.

저는 하루에 8시간 동안 일을 해요.

기본 어휘

(1) 본문 어휘

- 아침 : morning 早上
- 새벽 : dawn 凌晨
- 오전 : the morning, a.m 上午
- 오후 : afternoon, p.m 下午
- 점심 : lunch 午饭
- 하루 : day 一天
- ~시 : ~o'clock ~点
- 시간 : hour 小时
- 회사 : a company 公司
- 운동(을) 하다 : exercise 做运动
- 일어나다 : get up 起床
- 출근(을) 하다 : go to work 上班
- 퇴근하다 : leave one's office 下班
- 먹다 : eat, have 吃
- 일하다 : work 工作
- 언제 : when 什么时候
- 그리고 : and 然后
- 동안 : during 期间, 时间

(2) 참고 어휘

<하루>

- 밤 : night 夜, 夜晚
- 낮 : daytime 天, 白天
- 오전 : the morning, a.m. 上午
- 오후 : afternoon, p.m. 下午
- 새벽 : dawn 凌晨
- 아침 : morning 早上
- 점심때 : lunch time, at noon 午饭的时候
- 저녁 : evening 晚上

<시, 분, 초>

~시	~분	~초
1시(한 시)	1분(일 분)	1초(일 초)
3시(세 시)	10분(십 분)	9초(구 초)
6시(여섯 시)	30분(삼십 분), 반	11초(십일 초)
9시(아홉 시)	45분(사십오 분)	33초(삼십삼 초)
12시(열두 시)	55분(오십오 분)	47초(사십칠 초)

기본 발음

• 출근해요 [출근해요 / 출그내요] • 퇴근해요[퇴 : 근해요 / 퇴 : 그내요]

기본 문법

기본 문법 1 【 -에, 언제, 동안, -부터 -까지 】

가. 명숙 씨는 몇 시에 일어나요?

나. 저는 5시 30분에 일어나요.

다. 점심은 언제 먹어요?

라. 저는 하루에 두 시간 동안 공부해요.

마. 12시부터 1시까지 먹어요.

연습 1 빈칸에 보기의 단어를 넣어서 말해 보세요.

<보기> 새벽, 낮, 저녁, 밤, 오전, 오후, 아침, 점심때

① 인호 씨는 ________에 운동해요.

② 명숙 씨는 ________에 퇴근해요.

③ 저는 ________에 잠을 자요.

④ 벼리 씨는 ________에 출근해요.

⑤ 저는 ________에 일해요.

연습 2 보기를 참조하여 빈칸에 적절한 시간을 넣어서 말해 보세요.

<보기 1> 5시, 6시, 7시, 8시, 9시, 10시, 11시, 12시

<보기 2> 7시 30분, 8시 40분, 11시 20분

① (질문) : _________ 씨는 몇 시에 일어나요?

(대답) : 저는 _________에 일어나요.

② (질문) : _________ 씨는 몇 시에 아침을 먹어요?

(대답) : 저는 _________에 아침을 먹어요.

③ (질문) : _________ 씨는 언제 저녁을 먹어요?

(대답) : 저는 _________에 저녁을 먹어요.

연습 3 보기를 참조하여 빈칸에 적절한 시간을 넣어서 말해 보세요.

<보기> 한 (시간), 두 (시간), 세 (시간), 네 (시간), 다섯 (시간)

(질문) : ________ 씨는 하루에 몇 시간 동안 일을 해요?

(대답) : 저는 하루에 ________ 시간 동안 일을 해요.

연습 4 빈칸에 조사 '-부터(-에서)'와 '-까지'를 넣어서 말해 보세요.

① 영미 씨는 아침 6시_____ 7시 ______ 운동해요.

② 영수 씨는 저녁 7시_____ 8시 ______ 공부해요.

③ 오쿠 씨는 오전 9시 ______ 오후 5시 ______ 회사에서 근무해요.

④ 저는 밤 11시______ 아침 6시______ 자요.

기본 문법 2 【 -을/를 】

가. 나는 집에서 아침밥을 먹어요.

나. 저녁에는 학원에서 일본어를 공부해요.

다. 영수 씨는 밤에 일을 해요.

연습 보기의 단어를 빈칸에 넣어 말해 보세요.

<보기 1> 아침, 점심, 저녁, 국수, 밥

<보기 2> 일본어(말), 중국어(말), 한국어(말)

<보기 3> 일, 공부, 운동, 숙제

① 나는 집에서 ____________을/를 먹어요.

② 나는 학교에서 ____________을/를 공부해요.

③ 나는 아침에 ____________을/를 해요.

응용 학습

김미연 : 순호 씨는 저녁에 무엇을 해요?

최순호 : 저는 월요일부터 금요일까지는 저녁에 수영을 해요.

미연 씨는 저녁에 뭘 해요?

김미연 : 저는 집에서 일본어를 공부해요.

최순호 : 주말에는 뭘 해요?

김미연 : 토요일에는 영화를 봐요.

하지만 일요일에는 집에서 쉬어요.

최순호 : 저도 영화를 좋아해요.

미연 씨, 우리 토요일에 함께 영화를 봐요.

김미연 : 네, 좋아요.

응용 어휘

(1) 본문 어휘

- 저녁 : evening 晚上
- 주말 : the weekend 周末
- 토요일 : Saturday 周六, 星期六
- 영화 : a movie, a film 影
- 수영 : swimming 游泳
- 수영하다 : swim 游泳
- 공부하다 : study 学习
- 쉬다 : have a rest 休息
- 좋아하다 : like 喜欢
- 좋다 : good 好
- 무엇, 뭐 : what 什么
- 함께 : together 一起

(2) 참고 어휘

<요일>

주중 / 평일					주말	
월요일 Monday 星期一	화요일 Tuesday 星期二	수요일 Wednesday 星期三	목요일 Thursday 星期四	금요일 Friday 星期五	토요일 Saturday 星期六	일요일 Sunday 星期日

응용 발음

- 월요일 [워료일]
- 금요일 [그묘일]
- 일요일 [이료일]
- 목요일 [모교일]
- 좋아요 [조아요]

활동하기

활동 1 각자의 생년월일을 보기처럼 아라비아 숫자로 적고 읽어 보세요.

1985년 12월 19일	**1979년 3월 26일**

<보기> ① 천구백팔십오 년 십이 월 십구 일

② 천구백칠십구 년 삼 월 이십육 일

활동 2 여러분이 일을 한 시간을 보기처럼 말해 보세요.

<보기 1> ① 일어난 시간 ② 집에서 나온 시간

③ 점심을 먹은 시간 ④ 커피를 마신 시간

⑤ 집에 도착한 시간 ⑥ 잠을 잔 시간

<보기 2> 나는 아침 여섯 시 삼십 분에 일어났어요.(6:30 A.M)

활동 3 지난 주일에 있었던 일을 보기처럼 말해 보세요.

<보기 1> 월요일, 화요일, 수요일, 목요일, 금요일, 토요일, 일요일

<보기 2> ① 지난주 **월요일**에 친구를 만났어요.

② 지난주 **금요일**에 영화를 보았어요.

풀어 보기

풀어 보기 1

문제 1 빈칸에 알맞은 말을 넣어서 말해 보세요.

① (질문) : __________ 씨는 몇 시에 일어나요?

(대답) : 저는 아침 _______시에 일어나요.

② (질문) : __________ 씨는 언제 회사에 출근을 해요?

(대답) : 저는 아침 _______시 _______분에 회사에 출근해요.

③ (질문) : __________ 씨는 회사에서 언제 퇴근해요?

(대답) : 저는 저녁 _______시 _______분에 퇴근해요.

④ (질문) : __________ 씨는 언제 잠을 자요?

(대답) : 저는 밤 _______시에 잠을 자요.

문제 2 달력을 보고 빈칸에 알맞은 말을 넣어서 말해 보세요.

① (질문) : 오늘은 몇 년 몇 월 며칠이에요?

(대답) : 오늘은 __________ 년 _______ 월 _______ 일이에요.

② (질문) : ________ 씨는 일주일에 며칠 동안 일을 해요?(5일, 닷새)

(대답) : 저는 일주일에 __________ 동안 일을 해요.

문제 3 보기를 이용하여 다음 빈칸에 알맞은 단어를 넣어서 말해 보세요.

<보기 1> 월요일, 화요일, 수요일, 목요일, 금요일, 토요일, 일요일

<보기 2> 평일, 주말, 주중

① 미연 씨는 ___________에 뭘 해요?

② 순호 씨, 우리 ___________에 만나요.

③ 3월 25일은 ___________이에요.

④ 그 영화는 ___________에 봤어요.

풀어 보기 2

문제 1 보기를 이용하여 빈칸에 알맞은 숫자를 넣어서 말해 보세요.

<보기 1> 1일, 2일, 3일, 4일, 15일, 25일, 30일, 31일

<보기 2> 1월, 2월, 3월, 4월, 5월, 6월, 7월, 8월, 9월, 10월, 11월, 12월

<보기 3> 1970년, 1975년, 1980년, 1995년, 2001년, 2003년

① 오늘은 __________년 ______월 ______일이에요.

② 어제는 __________년 ______월 ______일이에요.

③ 내일은 __________년 ______월 ______일이에요.

④ 제 생년월일은 _________년 ______월 ______일이에요.

문제 2 빈칸에 보기의 단어를 넣어서 말해 보세요.

<보기> 하루, 이틀, 사흘, 나흘, 닷새, 엿새, 이레, 여드레, 아흐레, 열흘

① 남일 씨는 __________ 동안 무엇을 했어요?

② 저는 __________ 동안 일을 했어요.

풀어 보기 3

문제 다음 빈칸에 들어갈 적절한 말을 보기에서 골라서 말해 보세요.

<보기> 운동, 일본어, 영화, 연극

① 저는 저녁에 __________을/를 공부해요.

② 저는 새벽에 __________을/를 해요.

③ 저는 __________을/를 좋아해요.

④ 저는 토요일 저녁에 극장에서 __________을/를 봐요.

풀어 보기 4

문제 다음의 단어를 자연스럽게 발음해 보세요.

① 월요일 [ ]　　② 금요일 [ ]

③ 목요일 [ ]　　④ 좋아요 [ ]

더 배우기

어휘 넓히기

<몇 년>

1990년	1997년	2000년	2001년	2002년	2003년
천구백구십 년	천구백구십칠 년	이천 년	이천일 년	이천이 년	이천삼 년

<몇 월>

1월	2월	3월	4월	5월	6월	7월	8월	9월	10월	11월	12월
일월	이월	삼월	사월	오월	유월	칠월	팔월	구월	시월	십일월	십이월

<며칠>

1일	2일	3일	4일	5일	10일	15일	20일	25일	30일	31일
일일	이일	삼일	사일	오일	십일	십오일	이십일	이십오일	삼십일	삼십일일

<며칠 동안>

1일	2일	3일	4일	5일	6일	7일	8일	9일	10일
하루	이틀	사흘	나흘	닷새	엿새	이레	여드레	아흐레	열흘

<지난, 이번, 다음>

	last ~	this ~	next ~
해(year)	작년, 지난해	금년, 올해	내년, 다음해
달(month)	지난달	이번달	다음달
주(week)	지난주	이번주	다음주
일(day)	어제	오늘	내일

문법 넓히기

기본 문형 7

N-이 N-을 Verb

① 철수가 영희를 사랑한다.

② 원숭이가 사과를 먹는다.

③ 영수 씨가 자전거를 탄다.

④ 오쿠 씨가 한국어를 배운다.

기본 문형 8

N-이 N-으로 Verb

[가] ① 강아지가 집으로 간다.

② 우리는 방안으로 걸어간다.

③ 어머니가 부엌으로 들어간다.

[나] ① 물이 얼음으로 변한다.

② 구름이 비로 바뀐다.

③ 푸른색이 흰색으로 변한다.

5. 가족이 몇 명이에요?

[학습 목표]

○ 가족과 친척을 나타내는 표현을 이해하고, 가족을 소개할 수 있다.

○ 가족과 친척에 관련된 어휘를 이해하고 표현할 수 있다.

○ 다음 문장을 이해하고 표현할 수 있다.

- 저는 동생이 있어요/없어요.
- 남일 씨의 가족
- 아버지와 어머니
- 순호 씨는 가족이 많아요.

기본 학습

박남일 : 수희 씨는 가족이 몇 명이에요?

신수희 : 우리 가족은 모두 다섯 명이에요.

아버지하고 어머니, 언니하고 오빠가 있어요.

박남일 : 수희 씨는 동생이 없어요?

신수희 : 네, 저는 동생이 없어요.

그럼 남일 씨의 가족은 몇 명이에요?

박남일 : 우리 가족은 모두 7명이에요.

할아버지와 할머니, 아버지와 어머니, 형과 누나가 있어요.

신수희 : 남일 씨 집에는 식구가 참 많군요.

정말 부러워요.

기본 어휘

- 가족 / 식구 : members of family 家庭成员，家人
- 아버지 : a father 爸爸
- 어머니 : a mother 妈妈
- 언니 : a woman's elder sister 姐姐(女方称呼的时候)
- 오빠 : a woman's elder brother 哥哥(女方称呼的时候)
- 형 : a man's elder brother 哥哥(男方称呼的时候)
- 누나 : a man's elder sister 姐姐(男方称呼的时候)
- 동생 : a younger sister, a younger brother 弟弟，妹妹
- 할아버지 : a grandfather 爷爷
- 할머니 : a grandmother 奶奶
- 집 : a home, a house 家
- 많다 : many 多
- 부럽다 : enviable 羡慕
- 정말 : really 真的

기본 발음

- 몇 [멷]
- 몇 명 [멷명]
- 다섯 [다섣]
- 다섯 명 [다섣명]

기본 문법

기본 문법 1 【 A-는 B-가 있어요/없어요 】

가. 저는 형이 있어요.

나. 인수 씨는 동생이 없어요.

연습 빈칸에 보기의 단어를 넣어서 말해 보세요.

<보기> 아버지, 어머니, 형, 할머니, 누나, 동생

① 나는 ____________이/가 있어요.

② 저는 ____________이/가 없어요.

③ 김철수 씨는 ____________이/가 있어요?

④ 아니요, 김철수 씨는 ____________이/가 없어요.

기본 문법 2 【 -의 】

가. 철수 씨의 할머니

나. 나의 책, 내 책

연습 빈칸에 '-의'를 넣어서 말해 보세요.

① 철수 씨_____ 아버지

② 할아버지_____ 연필

③ 어머니_____ 책

④ 친구_____ 어머니

⑤ 나_____ 집

⑥ _____ 친구(나의 친구)

기본 문법 3 【 -하고, -와/과, -이랑/랑 】

가. 아버지하고 어머니가 집에 있어요. 나. 수일 씨와 수만 씨는 형제예요. 다. 저는 남동생이랑 여동생이 없어요.

연습 1 빈칸에 '-하고'를 넣어서 말해 보세요.

① 철수________ 영수가 와요.

② 연필________ 공책이 있어요.

③ 계란________ 사과는 얼마예요?

④ 사과________ 배를 먹어요.

연습 2 빈칸에 '-와/과'를 넣어서 말해 보세요.

① 아버지_____ 어머니　　② 오빠_____ 언니

③ 형_____ 동생　　④ 책_____ 연필

연습 3 빈칸에 '-이랑/랑'을 넣어서 말해 보세요.

① 냉장고_______ 세탁기가 있어요.

② 할아버지_______ 할머니는 없어요.

③ 칼_______ 냄비가 있어요.

④ 라면_______ 국수랑 많이 있어요.

응용 학습

이윤정 : 이거 순호 씨의 결혼 사진이에요?

최순호 : 네, 저의 결혼 사진이에요.

이윤정 : 그런데, 부인의 옆 사람은 누구세요?

최순호 : 그분은 장인어른이세요.

장모님은 장인어른의 왼쪽에 계세요.

이윤정 : 이분들이 순호 씨의 동생들이에요?

최순호 : 네, 제 남동생이랑 여동생이에요.

이윤정 : 그런데 순호 씨는 자녀가 몇 명이에요?

최순호 : 아들 한 명과 딸 두 명…….

모두 3명이에요.

이윤정 : 어머, 순호 씨는 가족이 참 많군요.

응용 어휘

- 결혼 : marriage 结婚
- 사진 : a photograph 照片
- 아들 : a son 儿子
- 딸 : a daughter 女儿
- 왼쪽 : the left side 左边
- 남동생 : a younger brother 弟弟
- 여동생 : a younger sister 妹妹
- 결혼사진 : a wedding picture 结婚照
- 부인 : a wife(honorific expression) 夫人，太太
- 장인어른 : a father-in-law(=wife's father) 岳夫
- 장모님 : a mother-in-law(=wife's mother) 岳母，丈母娘
- 자녀 : children(sons and daughters) 儿女，孩子
- 계시다 : be(honorific expression) 在，有(敬体)
- 누구 : who 谁
- 그런데 : by the way 可是，不过
- 모두 : all 都
- -들 : -s -们

응용 발음

- 많군요 [만쿤뇨]
- 어른의 [어르늬 / 어르네]
- 사진이에요 [사지니예요]

응용 문법

응용 문법 1 【 -들 】

가. 이분들이 순호 씨의 동생들이에요?

나. 운동장에 사람들이 많이 있어요.

연습 1 빈칸에 '-들'을 넣어서 말해 보세요.

① 그분______은 영수 씨의 형님______이에요?

② 저는 친구______이 많아요.

③ 저분_____은 누구예요?

④ 영수 씨의 식구_____은 몇 명이에요?

응용 문법 2 【 A-는 B-가 많다/적다 】

가. 운동장에는 사람들이 많아요.

나. 철수는 머리카락이 길어요.

연습 다음의 문장에 쓰인 형용사에 어미 '-아요/-어요'를 넣어서 말해 보세요.

① 윤정 씨는 가족이 (많다, 적다) → ______________________________

② 순호 씨는 키가 (작다, 크다) → ______________________________

③ 미라 씨는 머리카락이 (길다, 짧다) → ______________________________

④ 이 산은 높이가 (높다, 낮다). → ______________________________

활동하기

활동 1 자신의 가족 이름을 다음 표에 적어 보세요. 그리고 친구들에게 자기 가족을 소개해 보세요.

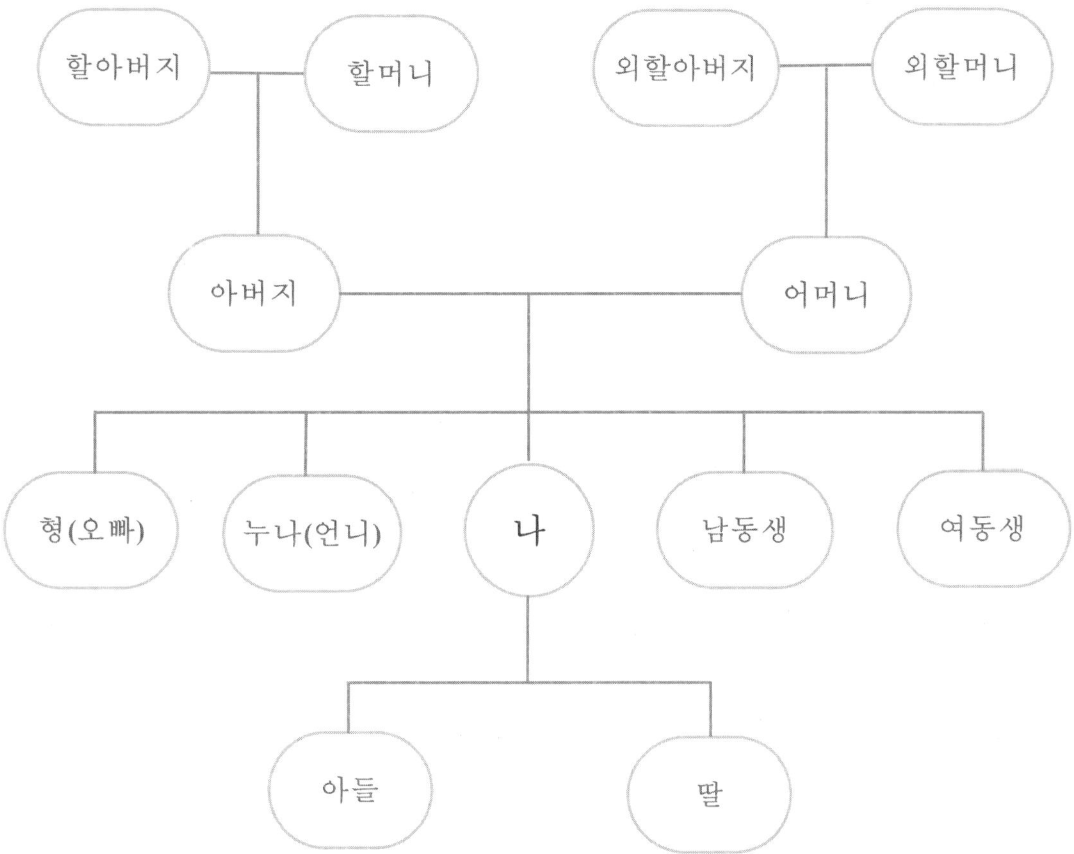

활동 2 친구에게 가족 이름을 물어서 위의 표에 적어 보세요.

풀어 보기

풀어 보기 1

문제 1 빈칸에 알맞은 말을 넣어서 말해 보세요.

① (질　문) : ________ 씨는 할아버지가 있어요?

(대답 1) : 예, 저는 할아버지가 ________.

(대답 2) : 아니요, 저는 할아버지가 ________.

② (질　문) : ________ 씨는 동생이 있어요?

(대답 1) : 예, 저는 동생이 ________.

(대답 2) : 아니요, 저는 동생이 ________.

문제 2 보기의 단어에 '-들'을 넣어서 말해 보세요.

<보기> 동생, 친구, 식구, 누나

[문제] 나는 ________이 많아요.

문제 3 아래의 빈칸에 보기의 단어를 넣어서 말해 보세요.

<보기> 크다-작다, 많다-적다, 길다-짧다, 높다-낮다

① 윤정 씨는 가족이 ________.

② 순호 씨는 키가 ________.

③ 이 산은 ________.

④ 윤정 씨는 머리카락이 ________.

풀어 보기 2

문제 1 빈칸에 '-의'를 넣어서 말해 보세요.

① (질문) : 저 사람은 누구예요?

(대답) : 저 사람은 철수 씨______ 형이에요.

② (질문) : 이 연필은 누구의 연필이에요?

(대답) : 그 연필은 영희 씨______ 연필이에요.

문제 2 빈칸에 '-하고, -와/과, -이랑/랑'을 넣어서 말해 보세요.

<보기> -하고, -와/-과, -이랑/-랑

① 저는 빵________ 라면을 좋아해요.

② 철수 씨________ 순희 씨가 이리로 와요.

풀어 보기 3

문제 1 빈칸에 보기의 단어를 넣어서 말해 보세요.

<보기> 할아버지, 할머니, 아버지, 어머니, 형, 누나, 오빠, 언니
동생, 아들, 딸

① 이분은 저의 ______________예요/이에요.

② 이 사람은 저의 ______________예요/이에요.

③ 저는 ______________이/가 있어요.

④ 저는 ______________이/가 없어요.

문제 2 다음의 설명에 맞는 단어를 보기에서 찾아서 빈칸에 넣어 보세요.

<보기> 장모님, 처남, 처제, 장인어른

① 아내의 아버지 [ ]

② 아내의 어머니 [ ]

③ 아내의 오빠 [ ]

④ 아내의 여동생 [ ]

풀어 보기 4

문제 다음 단어를 자연스럽게 발음해 보세요.

① 몇 명 [ ]   ② 다섯 명 [ ]

③ 많다 [ ]   ④ 많아요 [ ]

더 배우기

어휘 넓히기

친가와 외가 식구

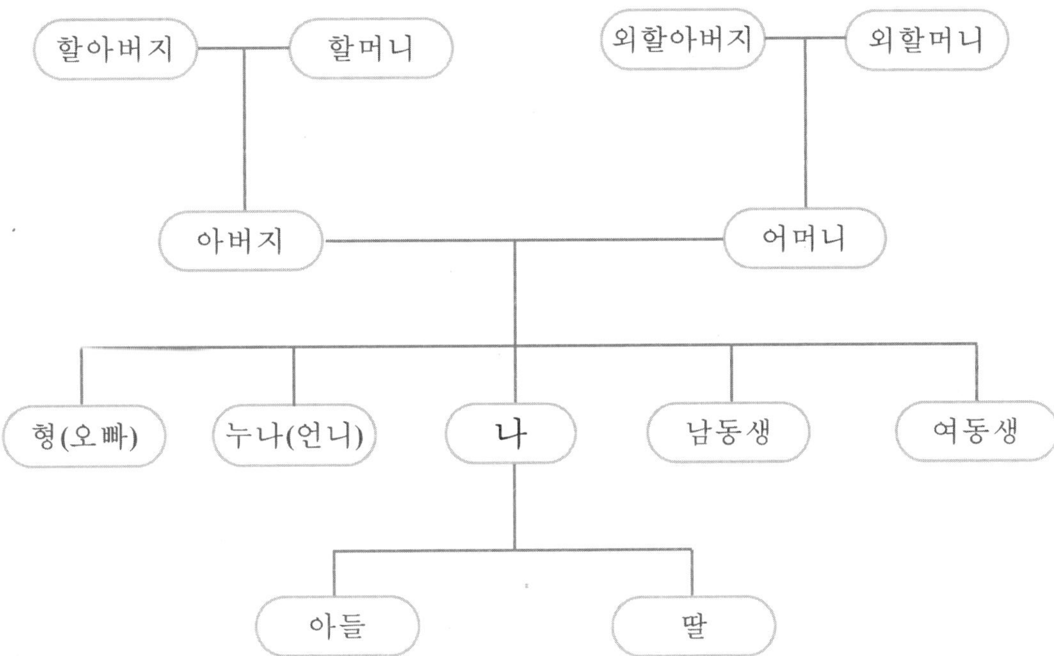

아내의 식구

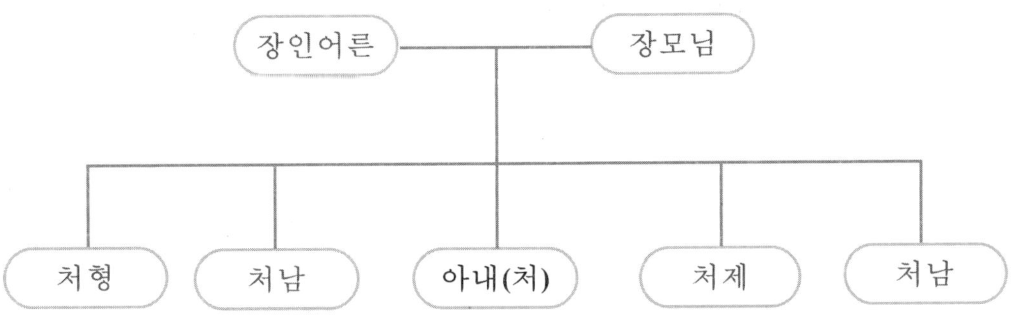

문법 넓히기

기본 문형 9

N-이 N-이 되다

① 아이가 어른이 된다.

② 물이 얼음이 된다.

③ 철수가 학생이 된다.

④ 미즈노 씨가 교사가 된다.

기본 문형 10

N-이 N-이 Adj

① 저는 동생이 있어요.

② 영수 씨는 자동차가 없어요.

③ 미라 씨가 돈이 많아요.

④ 스즈키 씨가 손이 작아요.

⑤ 손영미 씨는 키가 커요.

⑥ 김애리 씨는 머리가 좋아요.

6. 주말에 뭘 했어요?

[학습 목표]

○ 지나간 일을 표현할 수 있다.

○ 여가 활동과 평가에 대한 어휘를 이해하고 표현할 수 있다.

○ 다음 문장을 이해하고 표현할 수 있다.

- 저는 어제 책을 읽었어요.
- 아버님께서 책을 읽으셨어요.

기본 학습

김미연 : 순호 씨, 지난 주말에는 뭐 했어요?

최순호 : 하루 종일 집에서 책을 읽었어요.

미연 씨는 주말에 뭐 했어요?

김미연 : 전 친구들과 같이 남포동에 갔어요.

최순호 : 남포동에서 뭘 했어요?

김미연 : 점심때는 친구들과 함께 식사를 했어요.

오후에는 극장에서 영화를 보았어요.

최순호 : 영화는 재미있었어요?

김미연 : 예, 정말 재미있었어요.

기본 어휘

- 책 : a book 书
- 친구 : a friend 朋友
- 영화 : a movie, a film 电影
- 점심때 : noon, lunch time 中午，午饭时
- 식사 : a meal 饭
- 극장 : a theater 剧院
- 읽다 : read 读，念
- 가다 : go 去
- 재미있다 : interesting 有意思
- 식사를 하다 : take a meal 吃饭，用餐
- 영화를 보다 : see the movie 看电影
- 하루 종일 : all day 一整天
- 같이 : together 一起

기본 발음

- 재미있었어요 [재미이써써요]
- 읽었어요 [일거써요]
- 식사 [식싸]
- 극장 [극짱]

문법

기본 문법 1 【 -았/었/였- 】

가. 저는 어제 영화를 보았어요.

나. 제주도 여행은 재미있었어요.

다. 어제 저녁에 서점에서 책을 샀어요.

라. 오늘 아침에 운동장에서 운동을 했어요.

연습 1 보기처럼 다음 문장에 '-았/었-'을 넣어서 말해 보세요.

<보기 1> 지난 주말에 영화를 보 + 았 + 어요. [보다]

→ 지난 주말에 영화를 보았어요.

<보기 2> 그 영화는 정말 재미있 + 었 + 어요. [재미있다]

→ 그 영화는 정말 ____________.

① [언니는 방에서 사과를 깎다]

언니는 방에서 사과를 ____________.

② [어제 동생에게 책을 주다]

어제 동생에게 책을 ____________.

연습 2 보기처럼 빈칸에 '-았/었-'을 넣어서 말해 보세요.

<보기> 어제 극장에 가+았+어요. [가다]

→ 어제 극장에 갔어요.

① [아침에 친구를 **만나다**]

아침에 친구를 ______________.

② [아이가 의자에서 **일어서다**]

아이가 의자에서 ______________.

연습 3 보기처럼 다음 문장에 '-였-'을 넣어서 과거 표현으로 말해 보세요.

<보기> 오늘은 하루 종일 공부하 + **였** + 어요. [공부하다]

→ 오늘은 하루 종일 공부를 하**였**어요.

→ 오늘은 하루 종일 공부를 **했**어요.

① [어제는 집에서 **일하다**]

→ 어제는 집에서 일을 ____________.

→ 어제는 집에서 일을 ____________.

② [저는 목욕탕에서 **목욕하다**]

→ 저는 목욕탕에서 ______________.

→ 저는 목욕탕에서 ______________.

③ [스미스 씨는 매일 **운동하다**]

→ 스미스 씨는 매일 ______________.

→ 스미스 씨는 매일 ______________.

응용 학습

이윤정 : 남일 씨, 주말은 어떻게 보내셨어요?

박남일 : 아~, 지난 토요일에 친구들과 함께 제주도에 갔어요.

이윤정 : 제주도에 가셨어요?
남일 씨, 정말 부러워요.
그런데 남일 씨, 제주도 여행은 재미있었어요?

박남일 : 네, 아주 재미있었어요.
한라산이랑 백록담이랑 조랑말이랑 모두 멋있었어요.
그런데 윤정 씨는 주말에 뭐 하셨어요?

이윤정 : 저는 일요일에 이사를 했어요.
정말 힘들었어요.

어휘

- 지난 토요일 : last Saturday 上周六
- 여행 : a trip, a travel, a journey ～之行，旅行
- 조랑말 : a kind of horse 矮种马
- 보내다 : spend one's time 度过
- 부럽다 : enviable 羡慕
- 멋있다 : wonderful 棒
- 이사하다 : move into somewhere 搬家
- 힘들다 : hard, tough 辛苦，受累
- 어떻게 : how 怎样，怎么样
- 아주 : very 很
- 주말은 어떻게 보냈어요? : How was your weekend? 周末怎样度过的

발음

- 어떻게 [어떠케]
- 한라산 [할라산]
- 백록담 [뱅녹땀]
- 멋있다 [머딛따 / 머싣따]

응용 문법

응용 문법 1 【 -께서, -시- 】

가. 아버님께서 운동을 하셔요.

나. 아버님께서 운동을 하세요.

연습 1 보기처럼 아래의 문장에 '-(으)시-'를 넣어서 말해 보세요.

<보기> 할아버지께서 산에 가 + 시 + 어요 [가다]

→ 할아버지께서 산에 가셔요.

→ 할아버지께서 산에 가세요.

① [선생님께서 책을 읽다]

→ 선생님께서 책을 ____________________.

→ 선생님께서 책을 ____________________.

② [어머니께서 부엌에서 요리를 하다]

→ 어머니께서 부엌에서 요리를 ____________________.

→ 어머니께서 부엌에서 요리를 ____________________.

③ [아버지께서 영화를 보다]

→ 아버지께서 영화를 ____________________.

→ 아버지께서 영화를 ____________________.

연습 2 보기처럼 아래의 문장에 '-께서'를 넣어서 말해 보세요.

<보기> 선생님이 공부를 해요.

→ 선생님께서 공부를 하셔요.

① 아버님________ 집으로 가셨어요.

② 선생님________ 편지를 쓰셨어요.

③ 사장님________ 돈을 주셨어요.

④ 할아버님________ 일을 하셨어요.

연습 3 보기처럼 빈칸에 '-께서'와 '-(으)시-'를 넣어서 말해 보세요.

<보기> 아버지가 돈을 주었어요.

→ 아내님께서 돈을 주셨어요.

① 아버지가 집에 갔어요.

→ 아버님________ 집에 ________________.

② 어머니가 책상을 샀어요.

→ 어머님________ 책상을 ______________.

③ 할머니가 집에 왔어요.

→ 할머님________ 집에 ________________.

④ 형이 공부를 했어요.

→ 형님________ 공부를 ______________.

활동하기

활동 1 다음 그림을 보고 미연 씨가 일요일에 무슨 일을 했는지 이야기해 보세요.

[오전 11시]

[오후 2시]

[오후 4시]

[오후 6시]

김미연 씨는 __________ 시에 __________을 __________________.

활동 2 여러분이 주말에 한 일을 다음 표에 적어 보세요. 그리고 표를 보고 주말에 한 일을 순서대로 이야기해 보세요.

시간	토요일 오후 2시			
장소	서점			
한 일	책을 샀다			

풀어 보기

풀어 보기 1

문제 보기처럼 '-았-/-었-'을 사용하여 과거 표현으로 말해 보세요.

<보기> 극장에서 영화를 보다 → 극장에서 영화를 보았어요.

① [식당에서 저녁을 먹다] → ______________________.

② [집에서 책을 읽다] → ______________________.

③ [영화가 재미있다] → ______________________.

④ [주말에 등산을 하다] → ______________________.

⑤ [서점에서 책을 사다] → ______________________.

풀어 보기 2

문제 1 다음 단어를 높임의 뜻을 나타내는 단어로 바꾸어서 말해 보세요.

<보기> 아버지 → 아버님

① 어머니 [ ] ② 할아버지 [ ]

③ 할머니 [ ] ④ 선생 [ ]

⑤ 형 [ ] ⑥ 누나 [ ]

⑦ 사장 [ ] ⑧ 과장 [ ]

문제 2 보기처럼 다음의 문장을 높임 표현으로 바꾸어서 말해 보세요.

<보기> 아버지가 운동을 해요. → 아버님께서 운동을 하셔요.

① 어머니가 음식을 만들어요. → ______________ 음식을 만드셔요.

② 형이 학교로 떠나요. → ______________ 학교로 떠나셔요.

③ 할아버지가 집에 와요. → ______________ 집에 오셔요.

④ 사장이 이야기를 들어요. → ______________ 이야기를 들으셔요.

⑤ 누나가 요리를 해요. → ______________ 요리를 하셔요.

문제 3 보기처럼 다음의 문장을 과거 표현과 높임 표현으로 바꾸어서 말해 보세요.

<보기> 아버지가 운동을 해요. → 아버님께서 운동을 하셨어요.

① 어머니가 책을 읽어요.

→ 어머님께서 책을 ______________.

② 형이 학교로 떠나요.

→ 형님께서 학교로 ______________.

③ 할아버지가 집에 와요.

→ 할아버님께서 집에 ______________.

④ 사장이 말을 해요.

→ 사장님께서 말씀을 ______________.

⑤ 누나가 요리를 해요.

→ 누님께서 요리를 ______________.

풀어 보기 3

연습 1 관련 있는 말끼리 짝을 지어서 말해 보세요.

① 백화점에서 [ ] ㉠ 영화를 보다

② 수영장에서 [ ] ㉡ 수영을 하다

③ 극장에서 [ ] ㉢ 쇼핑을 하다

④ 식당에서 [ ] ㉣ 외식을 하다

연습 2 다음 보기에서 알맞은 말을 골라서 빈칸에 넣어서 말해 보세요.

<보기> 기쁘다, 부럽다, 재미있다, 화가 나다, 슬프다

① 오늘은 월급날이에요. → 그래서 아주 ________________.

② 친구와 영화를 보았어요. → 영화가 ________________.

③ 친구의 결혼식에 갔어요. → 친구가 ________________.

④ 동생이 많이 아파요. → 그래서 마음이 ________________.

⑤ 여자 친구와 헤어졌어요. → 그래서 ________________.

풀어 보기 4

연습 다음 단어를 자연스럽게 발음해 보세요.

① 식사 [ ] ② 극장 [ ]

③ 한라산 [ ] ④ 백록담 [ ]

더 배우기

어휘 넓히기

여가 활동 어휘

- 영화(를) 보다 : go to a movie 看电影
- 여행(을) 하다 : travel 旅行
- 독서(를) 하다 : read books 读书，念书
- 운동(을) 하다 : exercise 做运动
- 목욕(을) 하다 : have a bath 洗澡
- 외식(을) 하다 : dine out 在外就餐，下馆子(口语)
- 텔레비전을 보다 : watch a TV 看电视
- 산책(을) 하다 : stroll 散步
- 친구를 만나다 : meet a friend 看朋友
- 등산(을) 하다 : climb a mountain 爬山
- 쇼핑(을) 하다 : do one's shopping 买东西，购物
- 음악(을) 듣다 : listen to a music 听音乐

감정 어휘

- 기쁘다 : joyful 高兴
- 재미있다 : interesting 有意思，好玩儿
- 반갑다 : welcome 高兴
- 부럽다 : envy 羡慕
- 슬프다 : sad 难过
- 힘들다 : hard 辛苦，受累

• 사랑하다 : love 爱

• 즐겁다 : merry 愉快

• 화(가) 나다 : angered 生气

높임 어휘

안 높임	아버지	어머니	할아버지	형	누나	사장	과장
높임	아버님	어머님	할아버님	형님	누님	사장님	과장님

① 아버지가 집으로 간다.

→ 아버님께서 집으로 가신다.

② 어머니가 요리를 한다.

→ 어머님께서 요리를 하신다.

③ 할아버지가 집에 온다.

→ 할아버님께서 집에 오신다.

④ 형이 과일을 산다.

→ 형님께서 과일을 사신다.

문법 넓히기

기본 문형 11

N-이 N-과 Adj

① 선희는 아버지와 닮았다.

② 오토바이는 자전거와 비슷하다.

③ 이 그림은 저 그림과 같다.

④ 원숭이는 침팬지와 다르다.

기본 문형 12

N-이 N-과 Verb

① 철수 씨는 영자 씨와 만난다.

② 스즈키 씨는 아오키 씨와 사귄다.

③ 형님이 학생과 다툰다.

7. 가방이 어떤 모양입니까?

[학]

○ 사물과 사람의 겉모양을 표현하고 이해할 수 있다.

○ 외양 묘사와 관련된 어휘를 이해하고 표현할 수 있다.

○ 다음 문장을 이해하고 표현할 수 있다.

- 철수는 키가 커요.
- 영호는 집에서 공부를 합니다.

기본 학습

박남일 : 최순호 씨, 무슨 일입니까?

최순호 : 가방을 잃어버렸습니다.

박남일 : 아, 그렇습니까?

가방이 어떤 모양입니까?

최순호 : 모양은 사각형입니다.

그리고 색깔은 갈색입니다.

아참, 가방에 손잡이가 달려 있습니다.

박남일 : 그럼, 이 가방이 순호 씨 겁니까?

최순호 : 네, 제 가방입니다.

고맙습니다.

기본 어휘

- 모양 : a shape 样子，模样
- 사각형 : a quadrangle 四方型
- 색깔 : a color 颜色
- 갈색 : brown 棕色，褐色
- 손잡이 : a handle, a strap, a grip 提把，手柄
- 가방 : a bag 包
- 잃어버리다 : lost 丢
- 달려 있다 : hang 带
- 고맙다 : thanks 谢谢
- 어떤 : what kind of 什么样子
- 그리고 : and 还有
- 무슨 일이에요? : what's up? 什么事(儿)?
- 그래요? : So?, Is that so? 是吗?

기본 발음

- 모양입니까 [모양임니까]
- 순호 씨 겁니까 [수노씨 껌니까]
- 고맙습니다 [고맙씀니다]
- 사각형 [사가켱]

기본 문법

기본 문법 1 【 -습니다/-ㅂ니다 】

가. 존 씨는 과자를 먹**습니다**.

나. 인호 씨는 내일 미국으로 떠**납니까?**

연습 1 보기처럼 '-습니다/-습니까'를 사용해서 말해 보세요.

<보기>
- 존 씨는 과자를 먹**습니다**. [먹 + 습니다]
- 영희 씨는 백화점에서 넥타이를 **삽니다**. [사 + ㅂ니다]
- 아저씨는 기차를 **탔습니까**? [타 + 았 + ㅂ니까]
- 인호 씨는 내일 미국으로 **떠납니까?** [떠나 + ㅂ니까]

① [고양이가 쥐를 **잡다**]

→ 고양이가 쥐를 ____________. / ____________?

② [다나카 씨는 친구를 **만나다**]

→ 다나카 씨는 친구를 ____________. / ____________?

③ [미선 씨가 아이를 **때렸다**]

→ 미선 씨가 아이를 ____________. / ____________?

④ [아버님께서 고향으로 **가셨다**]

① → 아버님께서 고향으로 ____________. / ____________?

⑤ [진수 씨는 키가 **작다**]

① → 진수 씨는 키가 ____________. / ____________?

연습 2 보기처럼 '-(어)요', '-습니다/-습니까'를 사용하여 말해 보세요.

<보기> [존 씨가 지금 도서관에서 공부하다]

- 존 씨가 지금 도서관에서 공부**해요**. [공부하 + 어요]
- 존 씨가 지금 도서관에서 공부**합니다**. [공부하 + ㅂ니다]
- 존 씨가 지금 도서관에서 공부**합니까?** [공부하 + ㅂ니까]

① [아저씨는 공장에서 **일하다**]

→ 아저씨는 공장에서 ________________.

→ 아저씨는 공장에서 ________________.

→ 아저씨는 공장에서 ________________?

② [리에 씨는 한국 친구과 **이야기하다**]

→ 리에 씨는 한국 친구과 ________________.

→ 리에 씨는 한국 친구과 ________________.

→ 리에 씨는 한국 친구과 ________________?

③ [미선 씨는 고향을 **그리워하다**]

→ 미선 씨는 고향을 ________________.

→ 미선 씨는 고향을 ________________.

→ 미선 씨가 고향을 ________________?

③ [미애 씨는 책을 인터넷 서섬에서 **구입하다**]

→ 미애 씨는 책을 인터넷 서점에서 ________________.

→ 미애 씨는 책을 인터넷 서점에서 ________________.

→ 미애 씨는 책을 인터넷 서점에서 ________________?

응용 학습

박남일 : 김철수 씨를 잘 아십니까?

이윤정 : 예, 잘 알아요.

박남일 : 김철수 씨는 어떻게 생겼습니까?

이윤정 : 약간 통통했어요.

박남일 : 키가 큽니까?

이윤정 : 아니요, 김철수 씨는 키가 작았어요.

그리고 안경을 꼈어요.

박남일 : 김철수 씨의 성격은 어떻습니까?

이윤정 : 퍽 쾌활했어요.

박남일 : 아! 저 사람이 김철수 씨 아닙니까?

이윤정 : 김철수 씨!

여기요, 여기.

응용 어휘

- 키 : one's height 个子
- 안경 : glasses 眼镜
- 성격 : personality 性格
- 알다 : know 认识
- 생기다 : look 长
- 통통하다 : round, plump 胖
- 크다 : tall, big 高, 大
- 작다 : short 矮, 小
- 끼다 : wear 戴
- 쾌활하다 : cheerful, lively 开朗
- 어떻게 : how 怎么(样)
- 잘 : well 很
- 약간 : pretty 有点儿
- 퍽 : very much 非常
- 그는 어떻게 생겼어요? : What is he like? 他长得什么样子?

응용 발음

- 잘 알아요 [잘 아라요 / 자 : 라라요]
- 성격 [성껵]

응용 문법

응용 문법 1 【 A-는/은 B-가/이 작다/크다/예쁘다 】

가. 남일 씨는 키가 작아요.

나. 순호는 성격이 쾌활해요.

다. 영희는 얼굴이 예뻐요.

연습 다음 보기의 단어를 빈칸에 넣어서 말해 보세요.

<보기> 손, 발, 눈, 얼굴, 키, 다리, 팔, 손가락, 머리카락

① 나는 ________이/가 작아요.

② 나는 ________이/가 커요.

③ 영호는 ________이/가 길어요.

④ 영호는 ________이/가 짧아요.

⑤ 미숙 씨는 ________이/가 예뻐요.

⑥ 나리 씨는 ________이/가 못생겼어요.

활동하기

활동 1　두 사람이 짝을 지어서 한 사람은 다음 물건이 어떤 모양인지 친구에게 이야기해 보세요. 또 한 사람은 앞 사람의 설명을 듣고 어떤 물건인지 알아맞혀 보세요.

활동 2　두 사람이 짝을 지어서 다음의 활동을 해 봅시다. 먼저 한 사람이 사진 속의 사람이 어떤 모습을 하고 있고, 또 어떤 행동을 하고 있는지에 대해 친구에게 이야기해 보세요. 다른 사람은 친구의 이야기를 듣고 사진 속의 사람의 모습과 행동을 상상해서 말을 해 보세요.

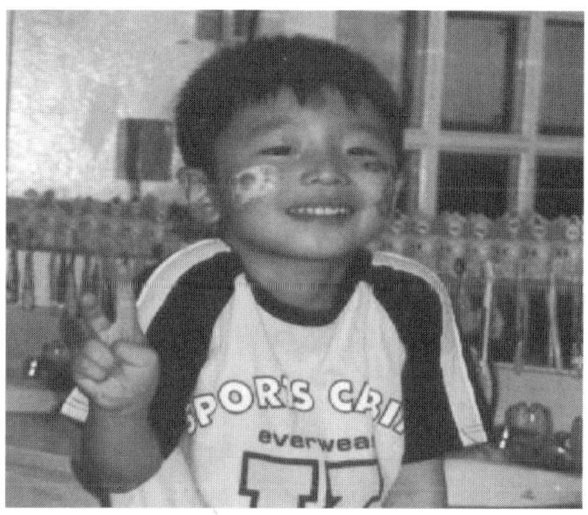

풀어 보기

풀어 보기 1

문제 1 다음의 문장을 보기처럼 평서문의 높임 표현으로 말해 보세요.

<보기> [읽다]

① 인수 씨는 책을 읽어요.

② 인수 씨는 책을 읽습니다.

(가) [먹다]

① 민호 씨는 지금 식당에서 저녁을 ____________.

② 민호 씨는 지금 식당에서 저녁을 ____________.

(나) [작다]

① 스즈키 씨는 키가 ____________.

② 스즈키 씨는 키가 ____________.

(다) [던지다]

① 인호가 운동장에서 공을 ____________.

② 인호가 운동장에서 공을 ____________.

문제 2 다음의 문장을 보기처럼 의문문의 높임 표현으로 말해 보세요.

<보기> [읽다]

① 인수 씨는 어디서 책을 읽어요?

② 인수 씨는 어디서 책을 읽습니까?

(가) [자다]

① 철수 씨는 어디서 ___________?

② 철수 씨는 어디서 ___________?

(나) [검다]

① 이 옷은 색깔이 ___________?

② 이 옷은 색깔이 ___________?

(다) [흐리다]

① 내일은 날씨가 ___________?

② 내일은 날씨가 ___________?

문제 3 다음 보기에서 단어를 찾아 다음의 빈간에 넣어서 말해 보세요.

<단어 1> 철수, 스즈키 씨, 동생, 형, 여동생

<단어 2> 손, 발, 눈, 얼굴, 키, 다리, 팔, 손가락, 머리카락

[철수]-는 [손]-이 크다

① [ ]는/은 [ ]이/가 작다.

② [ ]는/은 [ ]이/가 예쁘다.

③ [ ]는/은 [ ]이/가 짧다.

풀어 보기 2

문제 1 반대말끼리 짝을 지어 보세요.

① 크다 [ ]	㉠ 가늘다
② 길다 [ ]	㉡ 작다
③ 굵다 [ ]	㉢ 짧다

문제 2 관련 있는 말끼리 짝을 지어 보세요.

① 하얀색, 흰색 [ ]	㉠ 까맣다, 검다
② 검은색, 흑색 [ ]	㉡ 빨갛다, 붉다
③ 빨간색 [ ]	㉢ 하얗다, 희다
④ 파란색 [ ]	㉣ 노랗다, 누르다
⑤ 노란색 [ ]	㉤ 파랗다, 푸르다

풀어 보기 3

문제 다음 표현을 자연스럽게 발음해 보세요.

① 모양입니까 [ ]	② 순호 씨 겁니까 [ ]
③ 고맙습니다 [ ]	④ 사각형 [ ]
④ 잘 알아요 [ ]	⑤ 성격 [ ]

더 배우기

어휘 넓히기

모양

- 크다 : big, tall 大，高
- 작다 : short, small 短，小
- 길다 : long 长
- 짧다 : short 短
- 굵다 : thick 粗
- 가늘다 : thin 细
- 동그랗다(둥글다) : round 圆
- 네모(사각형) : a square 四边形
- 세모(삼각형) : a triangle 三角形
- 동그라미(원) : a circle 圆圈

색깔

- 하얀색(흰색) : a white colour 白色
- 검은색(검정색) : a black colour 黑色
- 빨간색(빨강) : a red colour 红色
- 파란색(파랑) : a blue colour 蓝色
- 하늘색 : sky-blue colour 蓝色
- 노란색(노랑) : a yellow colour 黄色
- 주황색 : an orange colour 枯黄色
- 녹색 : a green colour 绿色
- 갈색 : a brown colour 褐色
- 회색 : a gray colour 灰色
- 하얗다(희다) : pure white 雪白
- 까맣다(검다) : deep black 漆黑
- 빨갛다(붉다) : red 红
- 파랗다(푸르다) : blue 蓝
- 노랗다(누르다) : yellow 黄

신체

- 머리 : a head 头
- 머리카락 : a hair 头发
- 얼굴 : a face 脸
- 눈 : an eye 眼睛
- 코 : a nose 鼻子
- 귀 : an ear 耳朵
- 입 : a mouth 嘴
- 가슴 : the breast 嘴
- 배 : the belly 肚子
- 등 : the back 后背
- 팔 : an arm 胳膊，手臂
- 손 : a hand 手
- 손가락 : a finger 手指
- 손톱 : a nail 手指甲
- 다리 : a leg 腿
- 발 : a foot 脚
- 발가락 : a toe 脚趾
- 발톱 : a toenail 脚指甲

외모

- 뚱뚱하다 : fat 胖
- 날씬하다 : thin 苗条
- 야위다 : thin 瘦
- 살지다 : fatty 发胖
- 잘생기다 : handsome 帅
- 못생기다 : bad-looking 不帅，丑
- 예쁘다 : pretty 漂亮
- 아름답다 : beautiful 美丽

성격

- (온)순하다 : mild 温柔
- 별나다 : queer 特别，稀奇
- 착하다 : good 善良，乖巧
- 못되다 : bad (品质)坏，恶劣
- 쾌활하다 : lively 开朗
- 차분하다 : calm 文静
- 외향적이다 : extrovert 外向的
- 내성적이다 : introspect 内向的

문법 넓히기

기본 문형 13

N-이 N-보다 Adj

① 기차가 자동차보다 빠르다.

② 비행기가 자전거보다 비싸다.

③ 영희가 말자보다 예쁘다.

④ 백두산이 한라산보다 높다.

기본 문형 14

N-이 N-에 Verb

[가] ① 철수가 집에 온다.

② 옥순이가 학교에 간다.

③ 영호가 학교에 다닌다.

[나] ① 영수 씨가 배에 탄다.

② 아저씨가 의자에 앉는다.

③ 승객이 부산에 내린다.

[다] ① 철수가 총소리에 놀란다.

② 집이 태풍에 무너진다.

③ 종이가 바람에 날린다.

8. 스카프 좀 보여 주세요.

[학습 목표]

○ 상점에 들러서 물건을 사거나 팔 수 있다.

○ 물건을 사고파는 데 쓰이는 어휘를 이해하고 표현할 수 있다.

○ 다음 문장을 이해하고 표현할 수 있다.

- 스카프를 좀 보여 주세요.
- 값도 싸고 물건이 좋아요.
- 좀 밝은 색은 없어요?
- 시계 좀 구경할 수 있어요/없어요.

기본 학습

여점원 : 어서 오세요.

박남일 : 스카프 좀 보여 주세요.

여점원 : 스카프요?

어떤 스카프를 찾으세요?

박남일 : 여자 친구한테 선물할 스카프예요.

여점원 : 네, 잠시만 기다리세요.

이건 어때요?

좀 비싸지만 손님들이 많이 찾아요.

박남일 : 좀 밝은 색은 없어요?

여점원 : 그럼 이걸로 하세요.

값도 싸고 젊은 사람들이 좋아해요.

박남일 : 네, 좋아요. 그걸로 주세요.

기본 어휘

- 스카프 : a scarf 丝巾
- 여자 친구 : a girl friend 女朋友
- 생일 : one's birthday 生日
- 선물하다 : present (送)礼物
- 손님 : a customer 顾客
- 값 : price, cost 价格
- 보여주다 : show 看看
- 찾다 : find 挑
- 기다리다 : wait 等
- 비싸다 : expensive 贵
- 싸다 : cheap 便宜
- 밝다 : light 亮的
- 젊다 : young 年轻的
- 좀 : just, a little, please 稍微, 一点, 略
- 어떤 : what kind of 什么样(子)的
- 잠시 : for a moment, for a short time 一会儿
- 잠시만 기다리세요. : Wait a little while, please. Please wait for a minute.
  请稍等, 请稍等一下。

기본 발음

- 값도　　[갑또]

기본 문법

기본 문법 1 【 -어/아 주세요 】

가. 철수에게 장남감을 만들어 주세요.

나. 자리에 앉아 주세요.

연습 1 보기와 같이 아래 문장에 '-아/어 주세요'를 넣어서 말해 보세요.

<보기 1> 손을 잡다. → 손을 잡아 주세요.

<보기 2> 장난감을 만들다. → 장난감을 만들어 주세요.

<보기 3> 넥타이를 바꾸다. → 넥타이를 바꿔 주세요.

<보기 4> 밥을 남기다. → 밥을 남겨 주세요.

<보기 5> 빨리 연락하다. → 빨리 연락해 주세요.

① 값을 깎다. → 값을 ____________.

② 손을 잡다. → 손을 ____________.

③ 빵을 먹다. → 빵을 ____________.

④ 잠시 방에 숨다. → 잠시 방에 ____________.

⑤ 자동차에 태우다. → 자동차에 ____________.

⑥ 아기를 재우다. → 아기를 ____________.

⑦ 돈을 빌리다. → 돈을 ____________.

⑧ 머리를 감기다. → 머리를 ____________.

⑨ 라디오를 구입하다. → 라디오를 ____________.

⑩ 공부를 열심히 하다 → 공부를 열심히 ____________.

기본 문법 2 【 -(으)ㄴ, -(으)ㄹ 】

> 가. 좀 **밝은** 색은 없어요?
>
> 나. 저는 **예쁜** 스카프를 좋아해요.
>
> 다. 이것은 여자 친구한테 **선물할** 스카프예요.

연습 1 보기처럼 아래의 문장에 '-(으)ㄴ'을 넣어서 말해 보세요.

<보기 1> 색이 밝다.
→ 밝 + 은 색
→ 밝은 색

<보기 2> 장갑이 예쁘다.
→ 예쁘 + 은 장갑
→ 예쁜 장갑

① 가방이 검다 → __________ 가방

② 물이 맑다 → __________ 물

③ 하늘이 푸르다 → __________ 하늘

④ 책상이 작다 → __________ 책상

연습 2 보기처럼 아래의 문장에 '-(으)ㄴ'을 넣어서 말해 보세요.

<보기 1> 색이 밝다. [밝은 색]
→ **밝은** 색은 없어요?

<보기 2> 스카프가 예쁘다. [예쁜 스카프]
→ **예쁜** 스카프를 구입한다.

① 가게 주인은 손님에게 ________ 가방을 팔았다. [검다]

② 나는 __________ 물을 마신다. [맑다]

③ 나는 _________ 하늘을 좋아한다. [푸르다]

④ 나는 _________ 책상을 샀다. [작다]

연습 3 보기처럼 아래의 문장에 '-(으)ㄹ'을 넣어서 말해 보세요.

<보기 1> 이것은 여자 친구에게 선물하 + ㄹ 스카프이다.

→ 이것은 여자 친구에게 선물할 스카프이다.

① 이것은 영수 씨에게 ________ 책이다. [주다]

② 저것은 철수 씨가 ____________ 연필이다. [사용하다]

③ 그것은 동생이 ________ 빵이다. [먹다]

④ 이것은 물을 _______ 통이다. [담다]

⑤ 저 김밥은 할머니께 _______ 김밥이다. [드리다]

기본 문법 3 【 -고 】

가. 값도 싸고 품질도 좋아요.

나. 영수는 돈도 많고 친구도 많아요.

연습 보기와 같이 '**-고**'를 넣어서, 두 문장을 한 문장으로 이어서 말해 보세요.

<보기> [영수는 돈이 많아요] + [영수는 친구가 많아요]

→ 영수는 돈도 많고 친구도 많아요.

① 스즈키 씨는 키도 __________ 손도 커요. [크다]

② 자동차는 __________ 편리해요. [빠르다]

③ 영미 씨는 얼굴이 __________ 마음씨도 착해요. [예쁘다]

④ 이 음악은 너무 __________ 빨라요. [시끄럽다]

⑤ 이 김치는 맛도 __________ 가격도 싸요. [좋다]

응용 학습

최순호: 아저씨, 시계 좀 구경할 수 있어요?

주　인: 어떤 시계를 찾으십니까?

최순호: 가정용 탁상시계요.

주　인: 탁상시계는 이쪽에 있습니다.

한번 골라 보십시오.

최순호: 이건 얼마예요?

주　인: 그건 3만 원짜리예요.

모양도 좋고 시간도 잘 맞습니다.

최순호: 3만 원요? 너무 비싸요.

아저씨, 이거 2만 원에 파세요.

주　인: 그럼 2만 5천 원에 드리겠습니다.

최순호: 좋아요. 여기 3만 원 있습니다.

주　인: 네, 거스름돈 5천 원입니다.

안녕히 가십시오.

응용 어휘

- 아저씨 : Mister, Sir, Pop, Uncle 大叔，叔叔
- 시계 : a clock 表
- 가정용 : be used at home 家庭用
- 탁상시계 : a table clock 座钟
- 거스름돈 : change 找钱
- 모양 : (a) shape 样子，模样
- 구경하다 : have a look at 看一
- 고르다 : choose, select 挑，选
- 팔리다 : be sold 卖出去
- 시간이 맞다 : keep good time 时间走得准
- 팔다 : sell 卖
- 드리다 : give(polite expression) 给(敬体)
- -짜리 : worth (表示商品的)单价
- 요즈음(요즘) : nowadays 最近
- 제일 : the best 最
- 너무 : too 太

응용 발음

- 탁상시계 [탁쌍시게]
- 거스름돈 [거스름똔]
- 많이 [마 : 니]
- 좋고 [조 : 코]

응용 문법

응용 문법 1 【 ~(으)ㄹ 수 있다/없다 】

가. 시계 좀 구경할 수 있어요?

나. 나는 수영을 할 수 없어요.

연습 1 보기와 같이 아래 문장에 '수 있다'와 '수 없다'를 넣어서 말해 보세요.

<보기 1> [나는 수영을 하다]

→ 나는 수영을 [하 + ㄹ] 수 있어요.

→ 나는 수영을 할 수 있어요.

<보기 2> [나는 한글을 읽다]

→ 나는 한글을 [읽 + 을] 수 없어요.

→ 나는 한글을 읽을 수 없어요.

① [자전거를 타다] → 저는 자전거를 ________ 수 있어요./없어요.

② [태권도를 하다] → 저는 태권도를 ________ 수 있어요./없어요.

③ [한국 노래를 부르다] → 저는 한국 노래를 ________ 수 있어요./없어요.

④ [테니스를 하다] → 저는 테니스를 ________ 수 없어요./없어요.

응용 문법 2 【 -아/어 보다 】

가. 제 손을 한번 잡아 보세요.

나. 이 과자 먹어 보세요.

연습 보기처럼 빈칸에 '-어/아 보세요'를 넣어서 말해 보세요.

<보기 1> [손을 들다] → 손을 들어 보세요.

<보기 2> [이리로 들어오다] → 이리로 들어와 보세요.

<보기 3> [그림을 그리다] → 그림을 그려 보세요.

<보기 4> [밖으로 나가다] → 밖으로 나가 보세요.

① [사과를 먹다] → 사과를 ______________.

② [책을 읽다] → 책을 ______________.

③ [자전거를 타다] → 자전거를 ______________.

④ [편지를 쓰다] → 편지를 ______________.

⑤ [종이를 자르다] → 종이를 ______________.

응용 문법 3 【 -지만 】

가. 좀 비싸지만 손님들이 많이 찾아요.

나. 철수는 손은 크지만 발은 작다.

연습 보기처럼 빈칸에 '-지만'을 넣어 말해 보세요.

<보기> [철수는 손은 크다] + [철수는 발은 작다]

→ 철수는 손은 크-지만 (철수는) 발은 작다.

→ 철수는 손은 크지만 발은 작다

① 이 연필은 값이 좀 __________ 품질이 좋다. [비싸다]

② 택시는 __________ 요금이 비싸다. [빠르다]

③ 버스는 __________ 요금이 싸다. [느리다]

활동하기

활동 1 옷 가게에 가서 옷을 사 보세요. 그리고 옷가게 주인이 된 것처럼 해서, 아래의 물건을 팔아 보세요.

민소매 옷
24,600원

반소매 옷
31,000원

긴소매 옷
22,500원

치마
58,000원

남녀 한복
156,000원

바지
69,000원

청바지
45,000원

롱코트
127,000원

정장
196,000원

활동 2 신발 가게에 가서 신발을 사 보세요. 그리고 신발 가게 주인이 된 것처럼 해서, 아래의 물건을 팔아 보세요.

신사화
69,000원

운동화
23,000원

슬리퍼
12,000원

여성화
48,000원

슬리퍼
25,000원

운동화
25,000원

등산화
54,000원

여성화
49,000원

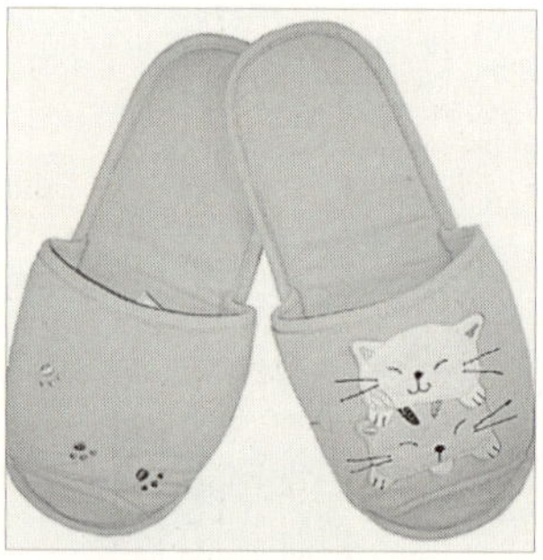

실내화
19,000원

풀어 보기

풀어 보기 1

문제 1 다음 빈칸에 '-(으)ㄴ'을 넣어서 말해 보세요.

① 스즈키 씨는 ________ 칼을 샀다. [비싸다]

② 스미스 씨는 ________ 옷을 입었다. [푸르다]

문제 2 빈칸에 '-(으)ㄹ'을 넣어서 말해 보세요.

① 이것은 동생에게 __________ 돈이다. [주다]

② 저것은 누나가 __________ 책상이다. [사용하다]

문제 3 다음 문장을 '-(으)ㄹ 수 있다'를 사용해서 말해 보세요.

① [수영을 하다]

→ ______________________________.

② [김치를 먹다]

→ ______________________________.

③ [한국어로 말하다]

→ ______________________________.

④ [가게에서 물건을 사다]

→ ______________________________.

풀어 보기 2

문제 1 다음 문장에 '-아/어 주세요'를 넣어서 표현해 보세요.

① [공을 던지다]

→ 공을 ____________________.

② [저쪽으로 가다]

→ 저쪽으로 ____________________.

③ [잠시만 기다리다]

→ 잠시만 ____________________.

④ [창문을 좀 열다]

→ 잠시만 ____________________.

문제 2 다음 문장에 '-아/어 보세요'를 넣어서 표현해 보세요.

① [손을 들다]

→ 손을 ____________________.

② [이쪽으로 오다]

→ 이쪽으로 ____________________.

③ [빨리 일어나다]

→ 빨리 ____________________.

④ [입을 크게 벌리다]

→ 입을 크게 ____________________.

풀어 보기 3

문제 1 다음 두 문장을 '-고'를 사용해서 이어 보세요.

① [영수는 눈이 작다] + [영수는 얼굴이 둥글다]

→ ______________________________.

② [하늘은 맑다] + [하늘은 푸르다]

→ ______________________________.

③ [이 책상은 크다] + [이 책상은 튼튼하다]

→ ______________________________.

문제 2 다음 두 문장을 '-지만'을 사용해서 이어 보세요.

① [영수는 키가 작다] + [영수는 용감하다]

→ ______________________________.

② [방이 크다] + [방이 어둡다]

→ ______________________________.

풀어 보기 4

문제 1 다음의 단어를 자연스럽게 읽어 보세요.

① 탁상시계 [ ]	② 거스름돈 [ ]
③ 많이 [ ]	④ 좋고 [ ]
⑤ 친구 [ ]	⑥ 값도 [ ]

더 배우기

어휘 넓히기

물건을 파는 장소

- 백화점 : a department store 百货公司
- 슈퍼마켓 : a supermarket 超市
- 시장 : a market 市场
- 가게 : a shop, a store 商店
- 도매상 : a wholesale 批发商
- 소매상 : a retail 零售商

상거래 용어

- 값 : price 价钱
- 가격 : cast, price 价格
- 가격표 : a price list 价签
- 영수증 : a receipt 收据, 收条
- 주인 : a storekeeper 店主
- 점원 : an operative 店员
- 손님 : a customer 顾客
- 단골 : a patron 常客(儿), 回头客
- 사다 : buy 买
- 구입하다 : buy 购入
- 팔다 : sell 卖
- 판매하다 : sale 出售
- 바꾸다 : exchange 换
- 교환하다 : exchange 交换
- 물리다 : make compensate 推迟, 延期
- 반품하다 : return goods 退货
- 싸다 : cheap 便宜
- 비싸다 : expensive 贵
- 깎다 : cut down 还价
- 할인하다 : discount 打折

문법 넓히기

기본 문형 15

N-이 N-에게 Verb

① 철수가 아버지에게 맞는다.

② 토끼가 호랑이에게 먹힌다.

③ 쥐가 고양이에게 잡힌다.

④ 영수가 모기에게 물린다.

기본 문형 16

N-이 N-에게 N-을 Verb

① 영미 씨가 아들에게 책을 준다.

② 스즈키 씨가 어머님께 선물을 드린다.

③ 인수 씨가 개에게 공을 던진다.

④ 선생님이 학생에게 영어를 가르친다.

9. 영화 보러 가실래요?

[학습 목표]

○ 어떤 일을 남에게 권유하거나, 약속 시간과 장소를 정할 수 있다.

○ 권유나 약속과 관련된 어휘를 이해하고 표현할 수 있다.

○ 다음 문장을 이해하고 표현할 수 있다.

- 순호 씨, 같이 극장에 갈래요?
- 우리 몇 시에 만날까요?
- 우리 사무실에서 만나기로 해요.
- 휴게실에서 만납시다.

기본 학습

김미연 : 순호 씨, 이번 토요일에 영화 보러 가실래요?

최순호 : 네, 좋아요. 같이 갑시다.

그럼 우리 몇 시에 만날까요?

김미연 : 토요일 오후 4시쯤에 만나요.

최순호 : 오후 4시…….

네, 좋아요.

그런데 우리 어디서 만날까요?

김미연 : 남포동 부산극장 앞에서 만나요.

최순호 : 네, 좋아요.

이번 토요일 4시에 부산극장 앞에서 만납시다.

기본 어휘

- 토요일 : Saturday 周六，星期六
- 같이 : together, with 一起
- 보러 가다 : go to see 去看
- 오후 4시쯤 : about four o'clock p.m. 大约下午四点
- 어디서 : where 在哪里
- 부산극장 : Busan theater 釜山剧场
- 이번 : this time 这
- 같이 갑시다. : Let's go together. 一起去吧。

기본 발음

- 같이 [가치]
- 좋아요 [조아요]

기본 문법

기본 문법 1 【 -(으)ㄹ래요 】

가. 저하고 함께 갈래요?

나. 저는 지금 점심을 먹을래요.

연습 1 보기처럼 아래 문장에 '-(으)ㄹ래요'를 넣어서 말해 보세요.

<보기 1> [교회에 가다]
→ 교회에 가 + ㄹ래요?
→ 교회에 갈래요?

<보기 2> [공책을 찾다]
→ 공책을 찾 + 을래요?
→ 공책을 찾을래요?

① 순호 씨, 저와 함께 극장에 ____________? [가다]

② 영수 씨, 저랑 같이 저녁을 __________? [먹다]

③ 우리 내일 학교에서 _____________? [만나다]

④ 영수 씨도 결혼식에 ______________? [참석하다]

연습 2 보기처럼 아래 문장에 '-(으)ㄹ래요'를 넣어서 말해 보세요.

<보기 1> [저는 김밥을 먹다]
→ 저는 김밥을 먹 + 을래요.
→ 저는 김밥을 먹을래요.

<보기 2> [저는 집에서 자다]
→ 저는 집에서 자 + ㄹ래요.
→ 저는 집에서 잘래요.

① 저는 지금 __________. [떠나다]

② 엄마, 나 학교에 __________. [가다]

③ 우리는 여기에 __________. [앉다]

④ 저는 영수 씨를 __________. [믿다]

기본 문법 2 【 -(으)러 】

가. 영호는 영화를 보러 극장에 갔다.

나. 인수는 돈을 찾으러 은행에 갔다.

연습 1 보기처럼 '-(으)러'를 사용해서 두 문장을 한 문장으로 말해 보세요.

<보기 1> [영호는 영화를 보다] + [영호는 극장에 갔다]

→ 영호는 영화를 보+러 영호는 극장에 갔다.

→ 영호는 영화를 보러 극장에 갔다.

<보기 2> [인수는 돈을 찾다] + [인수는 은행에 갔다]

→ 인수는 돈을 찾+으러 인수는 은행에 갔다.

→ 인수는 돈을 찾으러 은행에 갔다.

① 한라산을 ________ 제주도에 갔다. [구경하다]

② 볼펜을 ________ 문방구에 갔다. [사다]

③ 어머니가 아이를 ________ 유치원에 왔다. [데리다]

④ 스즈키 씨가 돈을 ________ 집에 왔다. [받다]

⑤ 미애 씨는 음악을 ________ 음악회에 갔다. [감상하다]

기본 문법 3 【 -(으)ㅂ시다 】

가. 부산극장 앞에서 **만납시다**.

나. 우리도 돈을 **받읍시다**.

연습 1 보기처럼 아래 문장의 빈칸에 '-(으)ㅂ시다'를 넣어서 말해 보세요.

<보기 1> [극장 앞에서 만나다]

→ 극장 앞에서 만나 + **ㅂ시다**.

→ 극장 앞에서 **만납시다**.

<보기 2> [우리도 돈을 받다]

→ 우리도 돈을 받 + **읍시다**.

→ 우리도 돈을 **받읍시다**.

① (질문) : ________ 씨, 우리 어디로 갈까요?

(대답) : 해운대로 ____________. [가다]

② (질문) : ________ 씨, 우리 점심때 무엇을 먹을까요?

(대답) : 점심때는 불고기를 ____________. [먹다]

③ (질문) : ________ 씨, 장난감을 준비할까요?

(대답) : 네, 장난감을 ______________. [준비하다]

④ (질문) : ________ 씨, 음식을 좀 남길까요?

(대답) : 네, 음식을 좀 _____________. [남기다]

④ (질문) : ________ 씨, 지금 출발할까요?

(대답) : 네, 지금 _____________. [출발하다]

응용 학습

박남일 : 최순호 씨, 이번 주 금요일 저녁에 시간 있습니까?

최순호 : 네, 시간이 있어요.

그런데 무슨 일이에요?

박남일 : 금요일 저녁에 저희 집에서 집들이를 합니다.

윤정 씨도 오세요.

이윤정 : 네, 남일 씨, 저두 갈게요.

최순호 : 그런데 몇 시에 갈까요?

박남일 : 저녁 6시쯤 오세요.

이윤정 : 그럼 금요일 퇴근 후에 함께 가기로 해요.

아참, 집들이 선물은 뭐가 좋을까?

성냥, 비누, 양초, 벽시계, 커피세트…….

최순호 : 집들이 선물은 윤정 씨가 준비하세요.

이윤정 : 네, 알겠습니다

응용

- 저희 : our 我们的
- 집들이 : a housewarming party 乔迁宴
- 성냥 : a match 火柴
- 양초 : a candle 蜡烛
- 비누 : a soup 肥皂，香皂
- 벽시계 : a wall clock 挂钟
- 커피세트 : a set of coffee cups 成套咖啡杯
- 준비하다 : prepare 准备
- 예, 알겠습니다. : Yes, I will.(polite expression) 是，明白了。(敬体)

응용 발음

- 갈게요 [갈께요]
- 집들이 [집뜨리]

응용 문법

응용 문법 1 【 -기로 해요 】

가. 우리 세 시에 출발하기로 해요.

나. 퇴근 후에 함께 가기로 해요.

연습 1 보기처럼 아래 문장에 '-기로 해요'를 넣어서 말해 보세요.

<보기> [우리 세 시에 출발하다]

→ 우리 세 시에 출발하 + 기로 해요.

→ 우리 세 시에 출발하기로 해요.

① 이번 토요일에 ________________. [만나다]

② 극장 앞에서 ________________. [기다리다]

③ 각자 도시락을 ________________. [가져오다]

연습 2 아래의 물음에 '-기로 해요'를 넣어서 답해 보세요.

① (물음) : ________ 씨, 우리 도서관에서 공부할까요?

(대답) : 네, 우리 도서관에서 ________________. [공부하다]

② (물음) : 도서관에서 책을 빌릴까요?

(대답) : 예, 도서관에서 책을 ________________. [빌리다]

③ (물음) : 버스를 탈까요?

(대답) : 예, 버스를 ________________. [타다]

활동하기

활동 1 친구와 약속을 해 봅시다. 약속을 한 뒤에 아래의 표에 약속 내용과 시간, 장소를 적어 보세요. 그리고 다른 사람에게 약속 내용을 설명해 보세요.

약속 내용	시간					장소
	월	일	요일	시	분	
집들이	12월	24일	화요일	2시	30분	시엔지에 씨의 집

활동 2 다음 초대장을 보고 친구에게 함께 가기를 권해 봅시다.

모시는 말씀

저희 두 사람이 이제 믿음과 사랑으로
한 가정을 이루게 되었습니다.
부디 오셔서 축하해 주시기 바랍니다.

○ 일시 : 2011년 7월 7일 (화) 오후 2시

○ 장소 : 서면예식장 3층 행복실

김철수
박다은 올림

풀어 보기

풀어 보기 1

연습 보기처럼 빈칸에 '-(으)ㄹ래요'를 넣어서 말해 보세요.

<보기> [나와 함께 테니스를 하다]

→ (질문) : 나와 함께 테니스를 할래요?

→ (대답) : 예, 함께 테니스를 합시다.

① [저녁에 기피숍에서 만나다]

(질문) : ______ 씨, 저녁에 커피숍에서 __________? [만나다]

(대답) : 예, 저녁에 커피숍에서 __________.

② [함께 영화를 보다]

(질문) : ______ 씨, 함께 영화를 __________? [보다]

(대답) : 예, 함께 영화를 __________.

③ [도서관에서 같이 책을 읽다]

(질문) : ______ 씨, 도서관에서 함께 책을 __________? [읽다]

(대답) : 예, 도서관에서 함께 책을 __________.

③ [해운대 해수욕장에 놀러 가다]

(질문) : ______ 씨, 해운대 해수욕장에 __________? [놀러 가다]

(대답) : 예, 해운대 해수욕장에 함께 __________.

풀어 보기 2

연습 1 보기처럼 빈칸에 '-(으)러'를 넣어서 말해 보세요.

<보기> (문제) 나는 그림을 ________ 산에 갔어요. [그리다]

(대답) 나는 그림을 그리러 산에 갔어요.

① 바다를 ____________ 해운대에 갔어요. [보다]

② 저녁을 ____________ 식당에 왔다. [먹다]

③ 축구를 ____________ 운동장에 갔어요. [하다]

연습 2 보기처럼 빈칸에 '-기로 해요'를 넣어서 말해 보세요.

<보기> 세 시에 학교로 ______________. [출발하다]

→ 세 시에 학교로 출발하기로 해요.

① 식사 전에 손을 ________________. [씻다]

② 내일 극장에서 영화를 ________________. [보다]

③ 매일 일기를 ________________. [쓰다]

④ 아침에 일찍 ________________. [일어나다]

풀어 보기 3

문제 다음 단어를 자연스럽게 발음해 보세요.

① 같이 [ ] ② 좋아요 [ ]

③ 갈게요 [ ] ④ 집들이 [ ]

더 배우기

어휘 넓히기

권유에 관련된 표현

- 권하다 : ask 劝
- 청하다 : ask, request 请求, 要求
- 꾀다 : tempt 试图
- 사양하다 : decline 客气
- 거절하다 : refuse 客气

약속에 관련된 표현

- 약속하다 : promise 约定
- 예약하다 : make a reservation 预定, 预约
- 선약 : a previous engagement 有约在先
- 약속을 지키다 : keep one's promise 守约
- 약속을 어기다 : break one's promise 失约
- 약속을 깨다 : break one's promise 毁约, 解约

초대에 관련된 표현

- 결혼식 : a marriage ceremony 结婚典礼
- 생일잔치 : a birthday party 生日宴席
- 회갑잔치 : a banquet on a person's 60th birthday 六十寿宴，花甲宴
- 돌잔치 : a baby's first birthday party 周岁宴席
- 백일잔치 : a party given to a hundred-day-old baby 百日宴
- 집들이 : a housewarming party 乔迁宴
- 초대하다 : invite 招待
- 모시다 : attend 陪同
- 초청하다 : invite 邀请
- 응하다 : answer 答应
- 참석하다 : attend 出席
- 참가하다 : participate in, take part in 参加

문법 넓히기

기본 문형 17

N-이 N-에 N-을 Verb

① 영이 씨가 책상에 거울을 둔다.

② 어머니가 선반에 그릇을 얹는다.

③ 형님께서 탁자 위에 책을 놓는다.

④ 아버지가 자동차에 상자를 실었다.

⑤ 아이가 하늘에 비행기를 날린다.

기본 문형 18

N-이 N-을 N-으로 Verb

① 그는 철수를 바보로 여긴다.

② 선생님이 인수를 아들로 삼는다.

③ 회원들이 영수 씨를 회장으로 뽑는다.

④ 아이들은 영호 씨를 형님으로 생각한다.

10. 윤정 씨 좀 부탁합니다.

[학습 목표]

○ 전화를 사용하여 의사 전달을 할 수 있다.

○ 전화할 때 사용하는 어휘를 이해하고 표현할 수 있다.

○ 다음 문장을 이해하고 표현할 수 있다.

- 미안합니다만 윤정 씨 좀 부탁합니다.
- 조금 전에 전화했는데요, 이윤정 씨 좀 부탁합니다.
- 윤정 씨는 아직 안 돌아왔습니다.
- 20분 뒤에 사무실에 돌아올 거예요.

기본 학습

박남일 : 여보세요?

최국진 : 미안합니다만, 이윤정 씨 좀 부탁합니다.

박남일 : 죄송하지만, 윤정 씨는 자리에 없습니다.
메모를 남겨 드릴까요?

최국진 : 아니요, 제가 나중에 다시 전화하겠습니다.
그런데 윤정 씨는 언제쯤 돌아올까요?

박남일 : 한 20분 뒤에 사무실에 돌아올 거예요.
그때쯤 다시 전화하십시오.

최국진 : 예, 잘 알겠습니다.
안녕히 계십시오.

기본 어휘

- 전화 : a telephone 电话
- 자리 : a seat, a place 座位
- 메모 : a memo, a note 留言, 便条(儿)
- 남기다 : leave, keep back 保留, 存下
- 나중 : late 以后
- 다시 : again 再
- 전화하다 : telephone, call 打电话
- 여보세요. : Hello. 喂?
- 이윤정 씨 좀 부탁합니다. : I'd like to speak to Miss. Lee, please.

  麻烦找一下李泽真小姐。
- 그녀는 지금 자리에 없습니다. : She's not in right now. 她现在不在。
- 아니요, 제가 나중에 다시 전화하겠습니다. : No, thanks. I'll call her again.

  不, 我以后再打吧
- 메모를 남겨 드릴까요? : May I take your message? 您需要留言吗?

기본 발음

- 미안합니다 [미안함니다]
- 없습니다 [업 : 씀니다]
- 전화하십시오 [전 : 화하십씨요]
- 돌아올 거예요 [도라올꺼예요]

기본 문법

기본 문법 1 【 -마는/만 】

가. 미안합니다마는 이윤정 씨 부탁합니다.

나. 휴대 전화가 비쌉니다만 한 대 샀습니다.

연습 보기처럼 아래의 문장에 '-마는/-만'을 넣어서, 한 문장으로 말해 보세요.

<보기> [미안합니다] + [이윤정 씨 부탁합니다]

→ 미안합니다마는/만 이윤정 씨 부탁합니다.

① [비가 옵니다] + [일을 계속합니다]

→ ______________________________.

② [영화를 봅니다] + [재미가 없습니다]

→ ______________________________.

③ [방은 깨끗하다] + [방이 너무 작아요]

→ ______________________________.

④ [배가 고프다] + [돈이 없어요]

→ ______________________________.

⑤ [죄송합니다] + [이제 돌아가겠습니다]

→ ______________________________.

기본 문법 2 【 -(으)ㄹ 거예요 】

가. 곧 돌아올 거예요.

나. 약속 시간을 잡을 거예요.

연습 1 보기처럼 빈칸에 '-(으)ㄹ 거예요'를 넣어서 말해 보세요.

<보기> [곧 돌아오다]

→ 곧 돌아오 + ㄹ 것이에요.

→ 곧 돌아올 거예요.

① [모레 아침에 떠나다]

→ 모레 아침에 ______________.

② [내일은 비가 오다]

→ 내일은 비가 ______________.

③ [오후에 은행에서 돈을 찾다]

→ 오후에 은행에서 돈을 ____________.

④ [이번에는 한국 축구 팀이 이기다]

→ 이번에는 한국 축구 팀이 ____________.

⑤ [내년에는 필리핀에 꼭 가다]

→ 내년에는 필리핀에 꼭 ____________.

응용 학습

박남일 : 네, 박남일입니다.

최국진 : 여보세요?

조금 전에 전화했는데요.

이윤정 씨 좀 부탁합니다.

박남일 : 미안합니다만, 윤정 씨는 아직 안 돌아왔습니다.

최국진 : 그럼, 메모를 좀 부탁합니다.

박남일 : 예, 말씀하세요.

최국진 : 저는 최국진이고요,

전화번호는 620-4212입니다.

박남일 : 최국진 씨, 620-4212요?

윤정 씨에게 메모를 전하겠습니다.

최국진 : 고맙습니다.

안녕히 계십시오.

응용 어휘

- 메모 : a message, a memo 留言
- 전화하다 : call, telephone 打电话
- 부탁하다 : ask 请，拜托
- 돌아오다 : come back 回来
- 말씀하다 : say 讲(敬体)
- 전하다 : tell 转达，转告
- 조금 전 : a little while ago 刚才
- 안(아니) : not 不，没

응용 발음

- 박남일입니다 [방나미림미다]
- 부탁합니다 [부타캄니다]
- 전하겠습니다 [저나게씀니다]

응용 문법

응용 문법 1 【 -는데요/은데요/ㄴ데요 】

가. 조금 전에 전화했는데요.

나. 산이 너무 높은데요.

다. 값이 정말 비싼데요.

연습 1 보기처럼 아래 문장에 '-은데요/는데요/ㄴ데요'를 넣어서 말해 보세요.

<보기 1> [조금 전에 전화했다] → 조금 전에 전화했는데요.

<보기 2> [산이 너무 높다] → 산이 너무 높은데요.

<보기 3> [값이 정말 비싸다] → 값이 정말 비싼데요.

① [조금 전에 메모를 부탁했다]

→ 조금 전에 메모를 __________________.

② [남일 씨를 기다리고 있다]

→ 남일 씨를 ______________________.

③ [제 애인은 나이가 많다]

→ 제 애인은 나이가 ________________.

④ [나는 박남일이다]

→ 저는 박남일 ________________.

응용 문법 2 【 안 먹다/ 먹지 않다 】

가. 윤정 씨는 **안** 돌아왔습니다.

나. 윤정 씨를 만나지 **않았습니다.**

연습 1 보기처럼 다음의 문장에 '안'을 넣어서 말해 보세요.

<보기> [윤정 씨는 돌아왔습니다]

→ 윤정 씨는 **안** 돌아왔습니다.

① 국진 씨는 학교에 ______ 갔어요.

② 철수한테 말을 ______ 했어요.

③ 회사에 출근을 ______ 했어요.

④ 뉴스를 ______ 들었어요.

연습 2 보기처럼 다음의 문장에 '-지 않다'를 넣어서 말해 보세요.

<보기 1> [철수 씨는 손이 크다] → 철수 씨는 손이 크지 **않다.**

<보기 2> [인호는 윤정 씨를 만난다]→ 인호는 윤정 씨를 만나지 **않는다.**

① [가방이 크다] → 가방이 ____________________.

② [하늘이 푸릅니다] → 하늘이 ____________________.

③ [윤정 씨를 기다렸다] → 윤정 씨를 ____________________.

④ [친구에게 전화를 합니다] → 친구에게 전화를 ____________________.

⑤ [숙제를 했습니다] → 숙제를 ____________________.

활동하기

활동 1 친구에게 전화를 했는데 친구가 받지 않았습니다. 다음 내용을 친구의 휴대전화에 음성으로 녹음해 보세요.

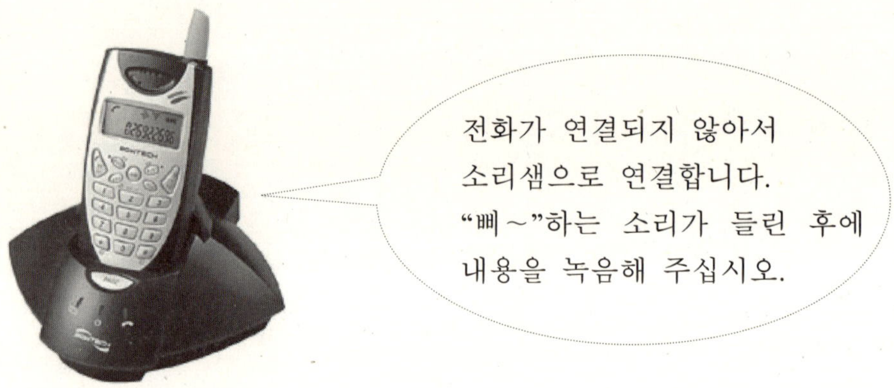

[한국어 시험]

· 시험 일시 : 2011년 3월 5일(수요일) 5교시

· 시험 장소 : 문화관 107 강의실

· 시험 범위 : 1장에서 4장까지

활동 2 친구에게 전화를 했는데, 친구는 없고 친구의 어머니가 전화를 받았습니다. 다음 내용을 친구의 어머니께 전해 보세요.

[전달 내용]

· 나의 이름 : 박남일

· 나의 연락처 : 016-200-2700

· 전달 내용 : 7월 8일 오후 3시에 남포동에 있는 부산커피숍에서 모임이 있음.

풀어 보기

풀어 보기 1

문제 1 보기처럼 빈칸에 '-마는/-만'을 넣어서 말해 보세요.

<보기> [미안합니다] + [이윤정 씨 부탁합니다]

→ 미안합니다마는 이윤정 씨 부탁합니다.

→ 미안합니다만 이윤정 씨 부탁합니다.

① 죄송합니다______ 김인호 씨 좀 바꿔 주세요

② 이 과자는 값이 비싸다________ 맛은 있다.

③ 방이 큽니다________ 너무 비쌉니다.

문제 2 보기처럼 '-(으)ㄹ 거예요'를 넣어서 말해 보세요.

<보기> [곧 돌아오다] → 곧 돌아올 거예요.

① 지금 바로 도서관에 _______________. [가다]

② 이 동화책은 ________________. [재미있다]

③ 오후에 용두산 공원에서 철수를 ____________. [만나다]

문제 3 보기처럼 빈칸에 '-은데요/는데요'를 넣어서 말해 보세요.

<보기> 조금 전에 **전화했다.**

→ 조금 전에 전화했는데요.

① 철수가 왔다.

→ 철수가 ________________.

② 저는 아침을 안 먹었다.

→ 저는 아침을 안 ________________.

③ 지금 눈이 내린다.

→ 지금 눈이 ______________.

풀어 보기 2

문제 1 보기처럼 빈칸에 '안' 혹은 '-지 않다'를 넣어서 말해 보세요.

<보기> 윤정 씨는 돌아왔습니다.
→ 윤정 씨는 **안** 돌아왔습니다.
→ 윤정 씨는 돌아오지 **않았습니다**.

① 이 가게에서는 냉장고를 **팝니다**.

→ 이 가게에서는 냉장고를 _______ 팝니다.

→ 이 가게에서는 냉장고를 _______________ 않습니다.

② 철수는 영희를 **때렸어요**.

→ 철수는 영희를 _______ 때렸어요.

→ 철수는 영희를 _________________ 않았습니다.

③ 저는 축구를 **좋아합니다**.

→ 저는 축구를 _______ 좋아합니다.

→ 저는 축구를 ________________ 않습니다.

문제 2 보기처럼 아래의 문장을 '-지 않다'를 사용해서 말해 보세요.

<보기> 윤정 씨는 예쁘다.

→ 윤정 씨는 예쁘지 **않다**.

① 철수 씨는 키가 작습니다.

→ ______________________________.

② 오늘은 춥습니다.

→ ______________________________.

③ 물이 시원합니다.

→ ______________________________.

풀어 보기 3

문제 1 다음의 전화번호를 읽어 보세요.

① 051—987—8250 [ ]

② 051—876—2305 [ ]

③ 017—9329—2561 [ ]

④ 016—4328—3470 [ ]

⑤ 031—205—4932 [ ]

문제 2 김철수 씨가 이영희 씨의 직장으로 전화하고 있습니다. 빈칸에 들어갈 적절한 표현을 글상자에서 고르세요.

① 전화 잘못 거셨습니다. ② 잠깐만 기다려 주세요. ③ 통화중입니다 ④ ~입니다. ⑤ 전화 바꿨습니다.

① (김철수) : 여보세요. 거기 한국대학교입니까?

(상대방) : 아닙니다. ____________________.

② (김철수) : 안녕하십니까. 이영희 씨 좀 부탁합니다.

(손석희) : 이영희 씨요?

네, ____________________.

(이영희) : ____________________.

이영희입니다.

풀어 보기 4

문제 다음 표현을 자연스럽게 읽어 보세요.

① 미안합니다 [ ] ② 없습니다 [ ]

③ 전화하십시오 [ ] ④ 돌아올 거예요 [ ]

더 배우기

어휘 넓히기

전화의 종류

- 일반 전화 : a telephone 一般电话
- 무선전화 : radio telephone 无线电话
- 유선전화 : a (wire) telephone 有线电话
- 휴대(이동)전화 : a cellular phone 移动电话
- 공중전화 : a public telephone 公共电话
- 자동응답기 : an automatic answer 自动留言机
- 국제전화 : an international telephone 国际电话
- 시외전화 : a toll line 市外电话
- 시내전화 : a local telephone call 市内电话

전화할 때 쓰는 관용 표현

- 전화 잘못 거셨습니다. : You have a wrong number. 您打错了。
- 잠깐만 기다려 주세요. : Wait a minute. 请稍等一下。
- 통화중입니다. : The line is busy, ~ is on the phone 占线, ~正在通话中。
- 접니다. : It's me 是我。
- ~ 씨 좀 바꿔 주세요. : May I speak to ~ ? 请让~ 先生(小姐)接电话。
- 전화 바꿨습니다. : This is he(she)/This is he(she) speaking. 请讲。我就是~

전화번호

82	—	051	—	620	—	4212
국가 번호		지역 번호		국 번호		개인 번호

- 823-4467 [팔이삼(에) 사사육칠 (번)]
  [팔백이십삼국에 사천사백육십칠 (번)]
- 051-895-4305 [영오일(에) 팔구오(에) 사삼영오 (번)]
  [영오일(에) 팔백구십오(에) 사천삼백오 (번)]
- 016-877-4212 [영일육(에) 팔칠칠(에) 사이일이 (번)]
  [영일육(에) 팔백칠십칠(에) 사천이백십이 (번)]

문법 넓히기

기본 문형 19

N-이 N-을 N-으로(써) Verb

① 어머니는 김치를 칼로(써) 썬다.

② 아버지는 책상을 나무로(써) 만든다.

③ 철수 씨는 도둑을 몽둥이로(써) 때린다.

④ 형님은 몽둥이를 손으로(써) 막는다.

기본 문형 20

N-이 N-에서 N-으로 Verb

① 철수 씨가 학교에서 집으로 간다.

② 영호 씨가 서울에서 부산으로 떠난다.

③ 미순 씨가 미국에서 한국으로 돌아온다.

④ 성숙 씨가 안방에서 거실로 나온다.

[부록]

- 대화문 번역
- 찾 아 보 기

대화문 번역

Lesson 1. How are you?

Basic study

Gim Miyeon : How are you? I'm Miyeon Gim.

Suzuki : Miyeon, nice to meet you. I'm Suzuki.

Gim Miyeon : Suzuki, are you Japanese?

Suzuki : Yes, I'm japanese.

Gim Miyeon : Suzuki! Are you a student?

Suzuki : No, I'm not. I'm a teacher.

金美娟： 您好!我叫金美娟。

铃 木： 金美娟小姐, 见到您很高兴。我叫铃木。

金美娟： 铃木先生是日本人吗?

铃 木： 是, 我是日本人。

金美娟： 铃木先生是学生吗?

铃 木： 不是, 我不是学生。我是老师。

Case study

I Yunjeong : Gyungsuk, how are you?

Son Gyungsuk : Yunjeong, nice to meet you.

I Yunjeong : This is Miyeon. She's an office worker.

Son Gyungsuk : How do you do? I'm Miyeon Gim.

I Yunjeong : This is Gyungsuk Son. She's a doctor.

Son Gyungsuk : Miyeon, nice to meet you.

<a few minutes later>

I Yunjeong : Gyungsuk, then see you again!

Son Gyungsuk : Yes, Yunjeong! Good bye!

李泽真： 庆淑，您好!

孙庆淑： 泽真，见到您很高兴。

李泽真： 这位是金美娟小姐。美娟小姐是公司职员。

金美娟： 初次见面。 我叫金美娟。

李泽真: 这位是孙庆淑小姐。庆淑小姐是医生。

孙庆淑： 美娟小姐，见到您很高兴.

— 过了一会儿 —

李泽真： 庆淑小姐，那么下次再见。

孙庆淑： 好，再见。

Lesson 2. The pan is on the table.

Basic study

Gim Miyeon : Yunjeong, where is the pan?

I Yunjeong : It's on the table.

Gim Miyeon : Where are the eggs?

I Yunjeong : They are in the refrigerator.

Gim Miyeon : Yunjeong, are the instant noodles in the refrigerator too?

I Yunjeong : No, it's not in the refrigerator. It's in the cupboard.

金美娟： 泽真小姐，锅在哪儿?

李泽真： 锅在餐桌上。

金美娟： 鸡蛋在哪儿?

李泽真： 鸡蛋在冰箱里。

金美娟： 泽真小姐，方便面也在冰箱里吗?

李泽真： 不，方便面不在冰箱里。方便面在碗柜里。

Case study

Choi Sunho : Where is the restaurant?

I Yunjeong : It's in that building. This is the restaurant.

Choi Sunho : Is there a stand in the restaurant?

I Yunjeong : Yes, there is a stand in the restaurant.
This is the shop(snack corner).

Choi Sunho : Let's take this seat.

I Yunjeong : No, let's take those seats.

崔顺浩： 饭馆在哪儿?

李泽真： 饭馆在那个楼里。

李泽真： 这里就是饭馆。我在饭馆里吃饭。

崔顺浩： 饭馆里有小卖部吗?

李泽真： 是，饭馆里有小卖部。那里是小卖部。

崔顺浩： 我们在这边位子坐吧。

李泽真： 不，我们在那边位子坐吧。

Lesson 3. Give me ten erasers.

Basic study

I Yunjeong : Miss, please give me ten erasers.

Clerk : Yes, wait a minute, please!
One, two, three, four, five, six, seven, eight, nine, ten. Here are all ten.

I Yunjeong : One, two, three, four, five, six, seven, eight, nine, ten.
Give me five pencils, please!

Clerk : One, two, three, four, five. Here are all five.

李泽真： 小姐，请给我十个橡皮。

店　员： 好，请稍等一下。 一，二，三，四，五，六，七，八，九，十。

一共十个。

李泽真： 一个，二个，三个，四个，五个，六个，七个，八个，九个，十个。
请再来5支铅笔。

店　员： 一支，二支，三支，四支，五支，一共五支。

Case study

Shopkeeper : May I help you?

Choi Sunho : How much is an apple?

Shopkeeper : It's 2,000 won for an apple.

Choi Sunho : How much is a pear?

Shopkeeper : It's 4,000 won for a pear.

Choi Sunho : Please give me two apples and two pears.

Shopkeeper : Here you are.

Choi Sunho : Here is 20,000 won.

Shopkeeper : Good bye!

店　主： 欢迎光临。

崔顺浩： 苹果一个多少钱?

店　主： 苹果一个2000块。

崔顺浩： 梨一个多少钱?

店　主： 梨一个4000块。

崔顺浩： 请给我两个苹果，四个梨。

店　主： 给您。

崔顺浩： 这是两万块。

店　主： 再见。

Lesson 4. I go to work at 9:00 A.M.

Basic study

Bak Namil : Myeongsuk, What time do you usually get up in the morning?

Myeongsuk : I get up 5:30 in the morning.
And I exercise from 6:00 to 7:00.

Bak Namil : What time do you go to work?

Myeongsuk : I go to work at 9:00 in the morning.

Bak Namil : When do you have lunch?

Myeongsuk : I have lunch from 12:00 to 1:00.

Bak Namil : What time do you leave your office?

Myeongsuk : I leave my office at 4:50 in the afternoon.
I work 8 hours a day.

朴南一: 明淑小姐早上几点起床?

黄明淑: 凌晨五点半起床。

黄明淑: 然后，早上从六点到七点做运动。

朴南一: 明淑小姐几点上班?

黄明淑: 上午九点上班。

朴南一: 什么时候吃午饭?

黄明淑: 从十二点到下午一点吃午饭。

朴南一: 几点下班?

黄明淑: 下午4点50分下班。我一天工作8个小时。

Case study

Gim Miyeon : Sunho, what do you usually do in the evening?

Choi Sunho : I go swimming in the evening on weekday.
Miyeon, what about you?

Gim Miyeon : I study Japanese at home.

Choi Sunho : What do you usually do on weekends?

Gim Miyeon : On Saturday I see a movie. But on Sunday I take a rest at home.

Choi Sunho : I like movies too. Miyeon, let's see a movie on Saturday.

Gim Miyeon : Yes, great!

金美娟： 顺浩先生晚上做什么呢?

崔顺浩： 我从周一到周五晚上游泳。美娟小姐晚上做什么呢?

金美娟： 我在家学习日语。

崔顺浩： 周末做什么呢?

金美娟： 周六看电影。但是周日在家休息。

崔顺浩： 我也喜欢电影。美娟小姐，我们周六一起看电影吧。

金美娟： 好啊。

Lesson 5. How many people are there in your family?

Basic study

Bak Namil : Suhui, How many people are there in your family?

Sin Suhui : There are 5 people in my family.

My father, mother, an elder sister and an elder brother.

Bak Namil : Suhui, don't you have any younger sisters or brothers?

Sin Suhui : No, I don't have any. Then how many people are there in your family?

Bak Namil : My family consists of 7 people.

My grand father, grand mother, father, mother, an elder brother and an elder sister.

Sin Suhui : Namil, you have a big family. I really envy you.

朴南一： 秀喜小姐家里有几口人?

申秀喜： 我们家里共有五口人。有爸爸，妈妈，哥哥和姐姐。

朴南一： 秀喜小姐没有弟弟，妹妹吗？

申秀喜： 是，我没有弟弟，妹妹。那么，南一先生家里有几口人?

朴南一： 我们家里共有七口人。有爷爷和奶奶，爸爸和妈妈，哥哥和姐姐。

申秀喜： 南一先生家人真多啊。真让人羡慕啊!

Case study

I Yunjeong : Are these your wedding photos?
Choi Sunho : Yes, they're my wedding photos.
I Yunjeong : By the way, who is the person standing next to your wife?
Choi Sunho : He is my father-in-law.
My mother-in-law is standing on the left of my father-in-law.
I Yunjeong : Are they your younger sister and brother?
Choi Sunho : Yes, they're my younger brother and sister.
I Yunjeong : By the way, how many kids do you have?
Choi Sunho : One son and two daughters……. That's all.
I Yunjeong : Wow, you have a big family.

李泽真： 这个是顺浩先生的结婚照吗?

崔顺浩： 是，这个是我的结婚照。

李泽真： 不过，夫人旁边的那个人是谁啊?

崔顺浩： 那位是岳夫。岳母在岳夫的左边。

李泽真： 这些人是顺浩先生的弟弟妹妹吗?

崔顺浩： 是的，是我弟弟和我妹妹。

李泽真： 那么，顺浩先生有几个儿女?

崔顺浩： 一个儿子和两个女儿……. 一共3个。

李泽真： 哎呦，顺浩先生的家人真多啊。

Lesson 6. What did you do last weekend?

Basic study

Gim Miyeon : Sunho, what did you do last weekend?
Choi Sunho : I read books all day at home. Miyeon, What about you?

Gim Miyeon : I went to Nampodong with my friends.

Choi Sunho : What did you do there?

Gim Miyeon : I had lunch with them around noon.
In the afternoon I saw a movie at the movie theater.

Choi Sunho : Was it interesting?

Gim Miyeon : Yes, it was really interesting.

金美娟： 顺浩先生，上周做什么了？

崔顺浩： 在家里读了一整天的书。美娟小姐周末做什么了？

金美娟： 我和朋友一起去了南浦洞。

崔顺浩： 在南浦洞做什么了？

金美娟： 中午的时候和朋友一起吃了午饭。下午，在剧院里看了电影。

崔顺浩： 电影有意思吗？

金美娟： 是的，真的很有意思。

Case study

I Yunjeong : Namil, how did you spend last weekend?

Bak Namil : Ah~, last Saturday I went to Jeju island with my friends.

I Yunjeong : You went to Jeju island? Namil, I really envy you.
By the way, Namil, was the trip to Jeju island interesting?

Bak Namil : Yes, it was very interesting.
Mt. Halla, Baengnokdam and donkey, etc.
They're all wonderful.
By the way, Yunjeong, what did you do?

I Yunjeong : I moved last Sunday. It was very tough.

李泽真： 南一先生，周末怎样度过的？

朴南一： 啊，上周六和朋友一起去了济洲岛。

李泽真： 去济洲岛了？南一先生，真让人羡慕。
不过，南一先生，济洲岛之行好玩儿吗？

朴南一： 是的，很好玩儿。汉拿山和白鹿潭和矮种马都很棒。

那么，泽真小姐周末怎样度过的？

李泽真： 我周日搬家了。真的很累啊。

Lesson 7. What's the shape of the bag?

Basic study

Bak Namil : Choi Sunho, what's the matter?

Choi Sunho : I lost my bag.

Bak Namil : Oh, did you? What's the shape of the bag?

Choi Sunho : It's square. And the color is brown.

Ah, there is a strap on the bag.

Bak Namil : Then, is this Sunho's bag?

Choi Sunho : Yes, it's my bag. Thank you!

朴南一： 崔纯浩先生，什么事儿啊？

崔纯浩： 包丢了。

朴南一： 哦，是吗？包是什么样子的？

崔纯浩： 样子是四方型的。还有颜色是棕色的。对了，包上带着把手。

朴南一： 那么，这个包是纯浩先生的吗？

崔纯浩： 是的，是我的包。谢谢。

Case study

Bak Namil : Do you know Cheolsu Gim well?

I Yunjeong : Yes, I do.

Bak Namil : What does he look like?

I Yunjeong : He is pretty plump.

Bak Namil : Is he tall?

I Yunjeong : No. He is short. And he wears glasses.

Bak Namil : How is his personality?

I Yunjeong : He is a cheerful person.

Bak Namil : Ah! Isn't that person Cheolsu Gim?

I Yunjeong : Cheolsu! Here, here.

朴南一： 和金哲洙先生很熟吗?

李泽真： 是的，很熟。

朴南一： 金哲洙先生长得什么样子?

李泽真： 有点儿胖。

朴南一： 个子高吗?

李泽真： 不，金哲洙先生个子矮。还有，戴眼镜。

朴南一： 金哲洙先生性格怎么样?

李泽真： 非常开朗。

朴南一： 啊! 那个人不是金哲洙先生吗?

李泽真： 金哲洙先生! 这里，这里。

Lesson 8. Show me some scarfs please.

Basic study

Female Clerk: May I help you?

Bak Namil : Show me some scarfs please.

Female Clerk: Scarfs? What kind of scarfs are you looking for?

Bak Namil : I will give it to my girl friend as a gift.

Female Clerk: O.K. Wait a minute.

How is it? It's a little expensive but many people want it.

Bak Namil : Don't you have any brighter ones?

Female Clerk: Then choose this. It's cheap and young people like it.

Bak Namil : Yes, good. Give me that one please.

女售货员： 欢迎光临。

朴南一 ： 请给我看看丝巾。

女售货员： 丝巾？您想要什么样的丝巾？

朴南一 ： 要送给女朋友做礼物的丝巾。

女售货员： 好的，请稍等。这个怎么样？虽然有点贵，但顾客们都挑这个。

朴南一 ： 没有更亮点的颜色吗？

女售货员： 那么来这个吧。价格又便宜，年轻人也挺喜欢的。

朴南一 ： 哦，好的。那么就要这个吧。

Case study

Choi Sunho : Hello. May I look at clocks?

Shopkeeper : What kind of clock are you looking for?

Choi Sunho : A table-clock for home use.

Shopkeeper : There are several table-clocks over here.
Please look and choose one.

Choi Sunho : How much is it?

Shopkeeper : It's 30,000 won. It looks good and keeps good time.

Choi Sunho : 30,000 won? It's too expensive.
Mister, give me this for 20,000 won.

Shopkeeper : Then I will sell it for 25,000 won.

Choi Sunho : Good. Here is 30,000 won.

Shopkeeper : Yes. Here is 5,000 won. Good bye.

崔顺浩： 大叔，能看一下表吗？

店　主： 您想要什么样的表？

崔顺浩： 家庭用座钟。

店　主： 座钟在这边。来挑一挑吧。

崔顺浩： 这个多少钱？

店　主： 那个三万块。样子好看，时间也走得准。

崔顺浩： 三万块？太贵了。大叔，这个就卖两万块吧。

店　主： 那么，卖给您两万五千块。

崔顺浩： 好，这是三万块。

店　主：好的，这是找给您的五千块零钱。再见。

Lesson 9. Will you go to see a movie?

Basic study

Gim Miyeon : Sunho, will you go to see a movie this Saturday?
Choi Sunho : Yes, good. Let's go together. Then what time shall we meet?
Gim Miyeon : Let's meet around 4:00 P.M. on Saturday.
Choi Sunho : 4:00 in the afternoon……. Yes, good. By the way, where shall we meet?
Gim Miyeon : Let's meet in front of Busan Movie theater at Nampodong.
Choi Sunho : Yes, good.
Let's meet at 4:00 this Saturday in front of Busan Movie theater.

金美娟：顺浩先生，这周六去看电影吗？
崔顺浩：是，好的。一起去吧。那么 我们几点见面呢？
金美娟：周六下午四点左右见面吧。
崔顺浩：下午四点……. 是，好的。可是我们在哪里见面呢？
金美娟：在南浦洞釜山剧场前见面。
崔顺浩：是，好的。这周六四点在釜山剧场前见面。

Case study

Bak Namil : Sunho, do you have time this Friday evening?
Choi Sunho : Yes, I do. By the way, what's the matter?
Bak Namil : This Friday evening we're having a housewarming party.
Yunjeong, why don't you come to my house?
I Yunjeong : Yes. I will come.
Choi Sunho : By the way, what time shall we go?
Bak Namil : Please come around 6:00 P.M.
I Yunjeong : Then let's go together after work on Friday.

Um, what kind of presents are good for a housewarming party?

Matches, soaps, candles, wall clock, coffee set…….

Choi Sunho : Yunjeong, please prepare a present for the housewarming.

I Yunjeong : Yes, I will.

朴南一： 崔顺浩先生，这周五晚上有时间吗?

崔顺浩： 是的，有时间。可是有什么事吗?

朴南一： 周五晚上在我们家设乔迁宴。泽真小姐也来吧。

李泽真： 好的，南一先生，我也去。

崔顺浩： 可是几点去呢?

朴南一： 晚上六点左右来吧。

李泽真： 那么周五下班后一起去吧。对了，乔迁礼物送什么好呢?

火柴，香皂，洋蜡，挂钟，咖啡套装…….

崔顺浩： 乔迁礼物由泽真小姐来准备。

李泽真： 是，明白了。

Lesson 10. May I speak to Yunjeong?

Basic study

Bak Namil : Hello?

Choi Gukjin : Excuse me but may I speak to Yunjeong I?

Bak Namil : I'm sorry but Yunjeong is not at her desk.

Can I take a message?

Choi Gukjin : No. I will call you again later.

By the way, when will she be back?

Bak Namil : She will be back in about 20 minutes.

Please call again at that time.

Choi Gukjin : Yes, I see. Good bye.

朴南一： 喂?

崔国真： 对不起，请找一下李泽真小姐。

朴南一： 对不起，泽真小姐不在。您需要留言吗?

崔国真： 不，我以后再打吧。可是泽真小姐什么时候才回来呢?

朴南一： 大约二十分钟后回办公室。那个时候，请再打一次电话。

崔国真： 好，知道了。再见。

Case study

Bak Namil : Yes, this is Namil Bak.

Choi Gukjin : Hello? I called just before.
May I speak to Yunjeong I?

Bak Namil : I'm sorry but she's not back yet.

Choi Gukjin : Then, please take my message.

Bak Namil : Yes, please go ahead.

Choi Gukjin : This is Gukjin Choi and my telephone number is 620-4212.

Bak Namil : Gukjin Choi, 620-4212? I will give your message to Yunjeong.

Choi Gukjin : Thank you. Good bye.

朴南一： 是，我是朴南一。

崔国真： 喂? 刚才打过电话的。请找一下李泽真小姐。

朴南一： 对不起，泽真小姐还没回来。

崔国真： 那么，麻烦您记下留言吧。

朴南一： 好，请讲。

崔国真： 我是崔国真，电话号码是620-4212。

朴南一： 崔国真小姐，是620-4212吗? 我会把留言转达给泽真小姐的。

崔国真： 谢谢。再见。

찾아보기

[용어]

[글자와 발음]

(글자 찾기)

(발음 찾기)

[문법 형태소]

[단어와 관용 표현]

(ㄱ)

◎ 지은이 : 나찬연

지은이 나찬연은 1960년에 부산에서 태어났다. 부산대학교 국어국문학과를 졸업하고(1986), 같은 학교의 대학원에서 문학석사(1993)와 문학박사(1997)의 학위를 받았다. 지금은 경성대학교 국어국문학과의 교수로서 국어학과 한국어 교육에 관련된 교과목을 강의하고 있다. 현재 '경성대학교 한국어학당'의 소장을 맡고 있으며, '국제한국어교육학회', '우리말학회', '한글학회' 등의 회원으로 활동하고 있다.

◎ 옮긴 이 : 조홍

조홍은 이 책에 나오는 어휘와 대화문을 영어와 중국어로 옮겼다. 조홍은 1985년에 중국 북경에서 태어나서 북경지질고등학교를 졸업했다.(2006) 경성대학교 영어영문학과를 졸업했으며(2011) 현재는 경성대학교 대학원 국어국문학과에 재학 중이다.

◎ 그린 이 : 김세정

이 책에 나오는 이야기 그림을 그린 김세정은 1980년에 부산에서 태어났다. 경성대학교 국어국문학과를 졸업하고(2005), 현재는 '벼리한국어학당'에서 컴퓨터 그래픽 디자이너로 활동하고 있다.

◎ 연락처

· 홈페이지 : http://byeori.net (벼리한국어학당)
http://scammar.com (학교문법교실)
· 전자메일 : ncy@ks.ac.kr.
· 전화번호 : 051-663-4212, 010-2877-4212

'벼리한국어학당(http://byeori.net)'에서는 이 책에 나오는 내용과 관련한 멀티미디어 콘텐츠를 온라인으로 무료로 제공합니다. 그리고 이 책으로 수업을 하는 한국어 교육 기관에는 <한국어 회화 교육용 DVD 타이틀>을 무료로 배포합니다.

◎ 지은이의 주요 저서

우리말 이음에서의 삭제와 생략현상 연구(1993), 부산대학교 대학원.
우리말 의미중복 표현의 통어·의미 연구(1997), 부산대학교 대학원.
우리말 잉여표현 연구(2004), 도서출판 월인.
현대 국어 문법의 이해(2009), 도서출판 월인.
옛글 읽기(2009), 도서출판 월인.
중세 국어 문법의 이해—이론편(2010), 제3판, 교학연구사.
중세 국어 문법의 이해—주해편(2010), 제3판, 교학연구사(공저).
중세 국어 문법의 이해—강독편(2010), 제3판, 교학연구사.
개정 2판 한글 맞춤법의 이해(2010), 도서출판 월인.
언어·국어·문화(2010), 도서출판 월인.
벼리 한국어 회화 초급 1, 2 (2011), 도서출판 경진.
벼리 한국어 읽기 초급 1, 2 (2011), 도서출판 경진.

벼리 한국어 회화 ::: 초급 1 :::

1판 1쇄 인쇄__2011년 02월 20일
1판 1쇄 발행__2011년 02월 28일

지은이__나 찬 연
펴낸이__양 정 섭
꾸민이__김 미 미

펴낸곳__도서출판 경진
등 록__제2010-000004호
주 소__경기도 광명시 소하동 1272번지 우림필유 101-212
블로그__http://wekorea.tistory.com
이메일__wekorea@paran.com

공급처__(주)글로벌콘텐츠출판그룹
대 표__홍 정 표
기획·마케팅__노경민 김현아 주재명
경영지원__최 정 임
주 수__서울특별시 강동구 길동 349-6 정일빌딩 401호
전 화__02-488-3280
팩 스__02-488-3281
홈페이지__http://www.gcbook.co.kr

값__13,800원
ISBN__978-89-5996-102-3 93710